永恆生命的世界

的真實樣貌

大川隆法
Ryuho Okawa

台灣幸福科學出版有限公司

前言

距今兩千五百多年前，北印度的釋迦族（Sakya）王子喬答摩．悉達多（釋尊），為了解開「人為何會有生、老、病、死之四苦」的人生疑惑，進而出家。並且，他為了探究何為「真理」、何謂「善」，以「覺悟」為目標。

本書回答了釋尊出家時的疑問。此書的問世，不僅成了陷入迷惘的宗教家之嚮導，更為活於無明當中的現代醫生、科學家，敲響一記嚴厲的警鐘。

不管任何時代，最初發現真理並堅信不移的，唯有一人。並且，試著努力廣佈那真理的熱情，將傳遞於人心，幾經時代變遷，讓眾多人們覺醒。

我身為知悉真實世界的祕密的宗教家，為了遂行自身使命，進而出版了此書，並且此書內容必將成為留於後世的真理。

二〇〇四年　春

幸福科學集團創立者兼總裁　大川隆法

永恆生命的世界

目錄

目錄
Contents

第二章 人死之後，靈魂何去何從？（提問與回答） 79

第三章 腦死與器官移植的問題點

第五章 永恆生命的世界 171

第一章

死亡之下，人人平等

1 為什麼會有「宗教」出現

宗教家必須是解答死亡問題的專家

死亡，是宗教當中非常重要的主題。

說到底，我認為宗教家或者是肩負宗教使命的人，必須是解答死亡問題的專家。

現在有許多人是在醫院死去的，處理死的問題彷彿漸漸成為醫生的工作，然而，從根本上來說，醫學很明顯地有其極限。醫學的極限即在於「醫學只能處理身體上的問題」，醫生既無法解釋人類死亡的真正意義，也解答不了死後世界的相關問題。

「人終究會死去，但死亡是怎麼一回事呢？」對於死亡的判定標準，目前醫學尚且存在各種分歧的看法。不過，當了解靈界真實狀況之後，就會發現醫生們斤斤計較的死亡標準，以及爭執不下的死亡議題，顯得既瑣碎又微不足道，不僅從未討論到重點，甚至根本不了解何謂「死亡」。

因此，在科學日新月異的今日，宗教仍舊肩負著重要的使命與任務。

「生老病死」是宗教的根本問題

「生老病死」是佛教的根本議題，也是釋尊出家的理由之一。

當釋尊尚未出家之前，對於「人，為什麼出生？又為什麼衰老？為什麼生病？最後又為什麼死去呢？」百思不得其解，也遍尋不著可以解答疑惑的人，於是產生出家的念頭。

生、老、病、死，同屬於哲學與宗教的重要課題，既是哲學的根本問題，也是宗教的基本問題。然而，如果將死後的世界納入思考，毫無疑問地這成了宗教問題。

「人，為什麼出生？又為什麼出生在這個世界呢？」這個疑團，以現代知識的範疇，是無法囊括、難以釋疑的。

對於死亡的判定標準，醫學界仍舊議論紛紛，目前醫學多半以「心臟停止跳動」或「腦波停止活動」等狀況，視為死亡與否的基本指標。此外，關於「生命誕生的瞬間，究竟是何時？」等問題，眾口悠悠、莫衷一是。

從生物學的角度來看，生命誕生的瞬間，到底是精子碰上卵子時？還是胚胎發育成人形時才算開始呢？究竟該從何時開始算起，生物學上定義生命的起源，依舊模糊不清。

如果僅以身體的活動機能來看，有些機器人與人體之間的差異，幾乎微乎其微。近年，最新研發的機器人，甚至具備了無異於人類或動物的外型與特性，令人難以明確地分辨。

在「生」的問題之外，尚有「老」的問題。

雖然，人們深知老化是一種自然現象，但是「人，為何一定非衰老不可呢？」

從古至今，秦始皇以及許多人都懷抱不老不死、永生長壽的願望，渴望與老化徹底絕緣，希冀無須衰老而亡，遺憾的是，終究沒有任何一個人美夢成真。畢竟，誰都無法防止「衰老」，也無法躲過「死亡」。

至於「病」，主要是「罹患疾病」的問題。

隨著醫療技術進步，許多惱人的疾病可以療癒，人的壽命因此延長許多。然而，在醫療人員不斷突破各種醫學障礙的同時，超乎意料之外的疾病，卻陸續增加、逐一顯現，以至於人的疾病至今仍層出不窮。

其實，生病就是身體發生故障。世界上沒有永不故障的機械或機器人，當然，也沒有永不故障的身體，所以，人的肉體絕對不可能永久使用。

現代科學無法完全理解的生命之奧

以現代的知識與科學水準，對於生老病死的種種問題，特別是生命開始的瞬間，以及死亡之後的問題，仍然無法提供一個明確的答案。儘管科學家進行了無以數計的研究，科學技術也發展到了可以複製基因的階段，但這是否可以代表已真正理解生命呢？關於這一點，仍然受到莫大的質疑。

宗教問題並非任何人都可以在有生之年驗證，或經由實驗可以確定的，而是藉由極少數人傳達真理，在眾人「信與不信」的過程中，一步步慢慢累積而成。因此，宗教無法採取「少數服從多數」的表決方法確認，也難以運用科學的實證方式判斷。

儘管如此，我總認為應該提出的意見，或應該宣揚的信念，依然要有所堅持地傳達下去。

在近代，醫學和生物學取得了更進一步的發展，並且進行了各種研究，已經可以進行複製。

對於宗教，人們不再抱持「因為擁有靈魂，人生才能有所轉變」的傳統說法，而是以迥然不同的思考方向，發展出另一個觀點。

其中，生物學家在經過無數的研究之後，赫然發現：「似乎存在著一種類似靈魂本質的東西。」

這到底是怎麼一回事呢？部分專家認為：「所謂與靈魂本質類似的東西，其實就是遺傳基因。人的肉體，經歷出生、成長、衰老、死去的過程後，將由孩子、孫子繼續延續、傳遞香火。單以個體來看，生命好像是綿延不斷的，但事實並非如此。」

除此之外，另一種說法是理查道金斯（Richard Dawkins）所提的「自私的基因」學說，他主張：「基因為了綿延不斷地存續，不斷製造子子孫孫的個體，試圖繼續存在一百年，甚至兩百年。這存活下來的，其實就是遺傳因子。」

最近的醫學、生物學從唯物論的觀點探討生命，結論或許是：「生殖的行為，讓基因以『父傳子，子傳孫』的方式，得以永遠傳遞、世代遺傳下去。當父與母的遺傳因子，共同製造出一個新的基因，將形成新的子代。而新子代亦採取相同方式延續基因，讓父母的遺傳因子，得以永遠存續。」

難道，研究遺傳基因的學者專家，對於生命的認知與研究僅止於此，無法更進一步思考嗎？實在令人惋惜。

不管如何深入研究肉體，充其量也只是解析一種「道具」而

2 肉眼看不到的世界隱藏著神祕力量

科學的起源論像是一種迷信

「世界何以形成？人類何以出現？人類為何出生於世間？」若要以科學的方式來解答這個問題，幾乎是不可能的事情。越是要以科學來解釋，到頭來就越聽越覺得是迷信。

「偶然之間，宇宙中的某一點爆發，因而擴展開來」、「星體是宇宙中的氣體集結而成」、「星球是宇宙中的岩石撞擊而生」……等等，這些令人匪夷所思的科學論點，不禁讓人懷疑：

「這些事情，真的發生過嗎？」

以科學追溯生命的起源，結論就是：「萬物之初，僅有浮游生物、微生物，隨後才出現植物、動物。」

然而，根據近代科學家的細菌研究，證實了「完全煮沸、消毒與密閉的培養皿裡，絕對不可能產生生命」的論點。

以前人們認為蒼蠅或者是其他生物是自然產生的，然而，後來才知道那是因為大氣當中存在著某種原因，進而才會有生物產生。在這一兩百年間，人們已證明在一個完全煮沸且高溫消毒的空間當中，是不會有任何生命產生的。

存在四十六億年的地球，最初是一顆灼熱星球，這是一個大家都有的共識、無從否定的事實。然而，科學至今仍無法解答「在一個到處是熔岩燃燒的灼熱星球裡，生命到底如何誕生呢？」假如根據近代科學家的細菌研究理論，一個完全處於無菌狀態的星球，竟然孕育出無數生命，簡直是太不可思議了。

以科學方法論證生命起源，是不可能的事，勉為其難從科學的角度說明，反而讓人覺得像是一種迷信，甚至令人質疑，這一切是否為憑空杜撰的。

光粒子所具有的機能

因此，我們不得不承認，在肉眼看不到的世界裡，存在著一股神祕力量。「有一股影響力、遍及世界的力量，指引出一個方向，並促成了進化。」若以這個方向來思考，所有疑竇就能豁然開朗了。

太陽是世間萬物的生命之源，氫、氧結合而成的水與二氧化碳，藉由光合作用轉換，進而提供生命的能源與力量。

而在靈界，則有靈太陽提供生命的能源。

靈太陽的光粒子，可以橫跨世間與靈界，在世間是生命的能源，在靈界變成靈體的能源，人類靈體就是來自靈太陽能源。

每逢夏季，植物枝葉繁茂、動物活蹦亂跳，處處洋溢成長與繁衍的生息，處處顯現陽光與生命力的緊密關係。

一旦前往靈界，則能清楚地明白，人類的靈體實際上是由靈太陽的能量所創造出來的。

因此，光粒子具有橫跨世間與靈界的機能，出現在世間就成為生命的能源，而前往靈界便成為靈體的能源，就是這種現象。

儘管，世間看不到靈界的能源，靈界的能源卻具有讓世間產生變化的力量，當靈界的能源在世間作用，即可以輕而易舉地讓世間物體產生變化。

反觀，根據科學所提的進化論，既缺乏根本意義，也不見哲學思維，僅有一連串的「偶然、偶然、以及偶然」。

「將磚塊、沙子、水，還有水泥，全部放在地上照射太陽光，在一陣狂風大作之後，出現了猴子等動物，並在忙亂之間，蓋好了一棟房屋。」

科學就以類似這種荒腔走板的說法，闡釋類人猿等高等動物，以及人類出現的過程。

動植物見證孕育生命的力量

每每看到動物、植物、昆蟲各顯神通，以千變萬化的姿態求生，不禁令人讚嘆大自然造化萬物的力量。

事實上，靈魂是真實存在的，即便是低等動物亦是如此，觀察自然就可以窺知這個道理。

譬如，生活在亞馬遜河流域，在日本沒看過的枯葉螳螂，外表貌似一片枯葉，讓天敵難以發現。牠到底是如何辦到的？為了保護自己，居然可以偽裝得跟枯葉一樣，真是讓人覺得不可思議。

此外，自然界還存在一種更不可思議的動物。

以前我在電視上看過一個在印尼海域捕捉章魚的節目，介紹一種平常難以捕捉的擬態章魚，牠可以變化出十幾種不同的偽裝。

許多生物為了保護自己，會隨著所處的環境變化隱身。像潛伏海底的比目魚，可以迅速改變身體顏色與斑紋，與海底砂石融為一體，既能躲避敵人又能靜待獵物上鉤。可是，擬態章魚技高一籌，可以任意改變身體顏色或形狀，模擬其他海底生物的樣態。

當擬態章魚遇到具有威脅性的敵人，立刻偽裝成凶猛的海底動物，牠或許會縮起頭、伸出所有的腳，身體迅速轉變成深淺相間的條紋，化身為帶有毒性的海鰻或海蛇嚇退對方，甚至所有畏懼海鰻、海蛇的海底動物，都會自然而然地避開牠。

相反的，如果擬態章魚看到自己的獵物，會馬上偽裝成弱小的海底生物。牠可能變成海葵、海藻的模樣，或是將腳緊緊貼住身體，偽裝成在海中游動的比目魚，讓對方鬆懈心防而疏於防備，從而輕而易舉地捕捉獵物。

在電視尚未報導以前，鮮少人認識這種變化多端的擬態章魚。在沒有鏡子的大海裡，擬態章魚自然也無法知道自己的模樣，可是牠卻一直以這般不可思議的本能保護自己。擬態章魚擁有多變的擬態能力絕非偶然，我認為牠們必定具備了一種學習、進化的能力。

在東南亞地區，還有一種把身體偽裝成蘭花模樣的蘭花螳螂，當昆蟲誤以為是蘭花而飛近時，便會立刻遭到螳螂捕捉，這種能力是任誰都學不來的。「昆蟲將外表變成花朵的樣子」，這簡直是超乎想像的大自然奧祕。

這些動物或昆蟲所擁有的智慧，以及改變自己的擬態能力，令人不得不懾服於造物主的力量。

其實，就連植物也同樣具有強大的力量。

「竹子成長的速度，到底有多快？」我猜，大部分的人都沒有看過吧！

從筍尖剛冒出地面，長到離地大約二、三十公分左右時，正是採收竹筍的最佳時刻。如果稍一猶豫，心想：「明天再採收，或許更大、更好。」等明天再來看時，竹筍可能已經頓時長高了許多。

竹筍冒出地面之後，一星期左右便可以長成約兩公尺高的竹子，兩星期左右就超過五公尺高了，幾乎跟母竹齊高。原本是表面密布白色絨毛的細小竹筍，經過短短兩個星期，便長成高五公尺的高大竹子，這速度的確驚人吧！

為了求生存，剛冒出地面的竹筍，必須在短短三天內拚命地長大，因為它們知道「初冒出芽時，風險最大」，不論人類、動物都爭相取食。唯有儘快從竹筍長成竹子，讓外皮變堅硬、變難咬，才能繼續生存下去。我非常明顯地感受到，竹子的強烈求生意志力。

然而，「兩星期就長高五公尺以上」這種成長速度，實在快得令人難以置信，難道「構成竹子的原料藏在地底？」可是，竹子不是單由水分構成，它不但富有纖維，外皮還會變硬，讓人不免再三質疑：「竹子所需要的養分，真的在地底嗎？」

事實上，震懾人心的大自然造化力量，處處可見。

在包羅萬象的大自然中，動物也好、植物也罷，昆蟲或魚類等，萬物都竭盡所能地奮力求生，但有些人感觸良多：「一定有股力量默默運作，大自然才能孕育這無數生命。」但有些人對於天地萬物的變化，卻視若無睹、又無動於衷。當然，這兩種人的人生觀，也必定存在極顯著的差異。

3 終究走向死亡的覺悟

人生就像一片樹葉

人誕生於這個世界之後，慢慢成長、漸漸衰老、最後死去，以寬廣的視野來看，所有生命的起落，猶如樹葉隨著季節生滅。

每逢冬季，樹葉自然而然地枯萎，當春季來臨，又毫無徵兆地冒出新芽。在夏季到來之前，四、五月間，新芽長成嫩葉，六、七月時，滿樹茂密的枝葉，努力吸收大量雨水、進行光合作用，並將養分儲存到樹幹之中。等到秋季，樹葉漸漸轉變色彩，有的變紅、有的變黃，最後，一片一片逐漸凋零、飄落。

人生就像一片樹葉，各自努力生存的每個人，看似獨立個體，事實上，每個人都與一棵大樹連結。

世界上有日本、中國、韓國、美國等各個國家、民族，每一個國家的廣大地域，再劃分成許多更小的區域，如某州、某縣、某鎮等等，這些地區又住著為數眾多的家族，而構成「家族」的基本單位，正是獨立的人。

人之於世界，猶如樹葉之於樹，每棵樹都會長出許多枝幹，每根枝幹又會長出無數小樹枝，小樹枝上又會長出眾多的樹葉。世間的人，猶如樹上的樹葉，隨四季更迭而循環不息。

乍看之下，「死亡」或許是一件悲傷的事，可是追根究柢，其實跟樹葉掉落毫無二致。世間的所有生命，都是如此循環不斷、綿延不絕。

這就是「諸行無常」的道理。

在世間，每個生命個體都無法永存於世，終究必須離開世間。當嬰兒出生時，任誰都可以大膽預言：「這小孩將來一定會死。」無論是什麼身分地位的人，最後總會面臨死亡，這或許令人覺得感傷，卻是無法避免的事。

樹葉隨著四季更迭而改變，人隨著四苦起落而生滅，這個過程的意義何在？

秋天一到，樹葉掉落地面，一段時日之後，落葉腐爛化作肥沃土壤。翌年春天來臨時，樹木汲取沃土的養分，萌發新芽、長成新葉。秋天掉落的樹葉，是為了孕育明年的新葉。

生命唯有經過循環而發展，才是一個完整的世界。

人誕生之後，一路成長、求學、工作、結婚，不斷自我突破、自我實現，這本是一件令人無比歡欣之事。但遺憾的是，隨著年歲漸長，許多事物不免變得老舊、遲鈍，即使活到一百歲還能孜孜不倦，新知識仍受限於既有的舊知識，無法運用自如。例如，在明治或大正時代出生的人，對當時的事物瞭若指掌，卻難免無法跟上新時代的腳步。

人應該像樹葉凋零般，在世間這個中繼站，經歷一輪的生老病死之後，回歸靈界等待重新轉世的契機。儘管，捨棄具有感情的舊事物並非易事，可是為了再一次習得新的經驗，離開世間、重返靈界則確實是必要的歷程。

或許，有人認為：「如果生命永恆，將是多麼美好的一件事！」然而，如果真有永恆的生命，將是一種無間地獄。

在幸福科學有一個「活到百歲俱樂部」，我認為，一個人活到一百歲還算幸福，若是活到二百歲、甚至三百歲，說不定反而會感覺寂寞呢！

一個人若活到了二、三百歲，將面臨什麼情況呢？屆時你所認識的人都辭世了，身邊無一親朋好友，處境就像日本童話浦島太郎。浦島太郎在海底龍宮遊歷三年之後，回到原本的世界，卻發現早已過了三百年，人事全非。

活到三百歲，未必是一件好事。經過三百年的物換星移，不僅周遭的人事改變，時代也跟著變遷，如此一來，勢必覺得分外寂寞吧！

我經歷過無數的靈性真實體驗，確知死後的世界真實存在，因此我不斷透過各種機會闡明，提醒大家務必在「人終有一死」的基礎上，建立人生觀。

若能秉持「我要和大家一樣輪迴轉世，經歷出生、成長、衰老、死去，等待另一個機會重新誕生」的心態，必能拋開對世間的執著與妄念，擁抱有嶄新人生可以期盼的生命，才是真正的美好人生。

人的壽命有限，最後一定會離開世間，任何人都無法掌控、擺脫，儘管心裡堅持著「要活下去、要活下去」，依舊難逃一死。「死亡」平等地對待每一個人，在「死亡」這個事實之下，任何人的主張都一概無效。

死亡總是突然造訪

儘管人類目前的平均壽命大約是八十歲，真實狀況卻因人而異，有人小時候夭折、有人因故去世、有人突遭橫禍……，死亡總是不按牌理出牌，總是在某一天突然造訪。

生命彷彿海水漲潮般，在不知不覺之中，海水已經慢慢接近，漸漸淹沒腳踝、淹沒膝蓋、淹沒胸口，最後淹沒頭頂，將整個人完全吞沒。

生命總是無預警地接近死亡，死亡何時出現無人知曉。如果可以提早覺悟，絕對不會虛度人生，如果根本毫不在意，只有渾渾噩噩死去。

以平均壽命為基礎的人生規劃，經常得面對突發狀況，許多事情無法按照計畫進行，死亡也隨時可能降臨。

其實，不管何時離開世間，最重要的是，秉持著「我無愧於心，對世間已有所貢獻，期待下一次機會來臨」的人生態度面對死亡。

死後的世界，是人人遲早都要面對的世界。但是，大多數人終究還是認為「死亡是一件悲傷之事」，所以根本無法預先做好準備。

許多人死後的模樣，讓我感觸良多。唉！大家完全沒有做好離開世間的心理準備。

即使明白死後不該眷戀人世，大多數人卻依然抱持執著：「早知道今天會死，就先去做那件事，還有解決那件事。」大多數人總是擔憂：「自己死後，那些尚未解答的課題，怎麼辦呢？」死前留下遺言的人，或許稍能放下罣礙，但是，大多數人根本來不及留下遺言。

當死亡報到的那一刻，無論對世間執著、對居處執著、對公司執著，或是對家族執著，都無能為力了。

人死化為靈後，最無奈的是，無論如何大聲叫喊，活在世間的人都無法聽見、無法回應，明明昨天還可以觸摸的身體，現在想要擁抱對方，卻直接穿透對方的身體，無法接觸、無法擁抱。

每個人藉著某因緣死去，無一例外，不管是壽終正寢、自然衰老，或是罹患癌症、病入膏肓，甚至遭到橫禍、意外身故，最後結果都是死亡，如何哀嘆也無濟於事。

生命猶如四季般輪迴轉生，有人死亡、有人誕生，世間才不致盡是老態龍鍾的人。若從宏觀的角度切入：「人的肉體可以死亡，

4 在靈界中的新體驗

在靈界也能夠養育孩子

有人童年夭折、有人英年早逝，白髮人送黑髮人的悲哀，不禁令人感嘆：「為何發生如此殘酷、悲哀的事情？」

事實上，回到靈界仍須學習世間的各種感受、生活方式等經驗，倘若生前在教養孩子的課題上留有遺憾，回到靈界仍須透過練習養育小孩靈魂來彌補，除此之外，靈界還有許多靈魂熱衷於養育小孩、教育小孩。

在靈界，這些學習教養小孩的靈魂，有些撫養別人的小孩，有些像學校老師一樣教育小孩。為了這些以「照顧小嬰兒」、「養育孩童」和「教育小學生」為修行目標的靈魂，勢必需要小孩的靈魂到靈界去。

通常，回到靈界的，泰半是上了年紀的人。因此，讓各種年齡層的人回歸靈界，是件難能可貴的事。

當然，人死後到了靈界，年齡是可自由轉變的。人以死亡時的姿態回到靈界，在死後的一至三年期間，仍然保持死亡時的樣貌，經由各種修行不斷累積新的經驗，等到徹底覺悟靈界、靈魂存在的意義時，靈魂就可以自由轉換年齡了。

由天使候補者引導死者

從世間回到靈界的人，絡繹不絕，通常都呈現茫然失措、不知如何是好的狀態，因此，靈界有一群專門引導、協助死者的天使候補者。

所謂「天使」或「菩薩」，就是靈界的指導者。成為靈界指導者的人，必須經過許多歷練與學習。起初，他們引導剛剛死亡的人，協助死者認清已經死亡的事實，應該斷絕對世間的種種眷戀，慢慢適應靈界的生活。

死後剛回到靈界，一定會以自我為中心，必須透過學習，不斷累積經驗，當確實領悟「自己已經離開世間，是靈魂世界的靈性存在了」，接著就會有許多需要做的事情。

幸福科學的會員，在世間已經累積各種真理知識及修行，回到靈界後，應該會先從事引導死者的工作，待累積幾年經驗之後，將轉入次元稍微不一樣的靈界，開始新的修行。

讓往生者體悟死亡的種種善巧

為了使往生者領悟死亡的事實，引導者會以各種不同的姿態出現。

現在，人們幾乎都是在醫院往生，面對可能堅信自己仍與病魔奮戰的往生者，引導者經常化身為醫師或護士的模樣，以取信於亡者。於是，道行高深的靈魂化身為醫師，一旁協助的女性也化身為護士，陸續出現在往生者面前。

有些引導者運用說話技巧說服對方：「現代醫學非常進步，死後世界的祕密已經解開了。您已經沒有肉體，難道您還不知道嗎？」

有些化身為護士的引導者，會特別到往生者面前說：「我幫您量量脈搏吧！哎呀，我測量不到您的脈搏耶！沒有脈搏，表示您已經死了嗎？」類似這樣拚命演出的情形也不少。

如果一個化身的醫師，尚且無法說服已往生的病患，就會同時出現好幾個醫師，若有三個以上的醫師同時對病患說：「您生了病，已經死亡了。」往生者便會慢慢地相信接受。

以上都是一些善巧之門、方便之法，若非如此，往生者無法擺脫根深蒂固的唯物論思想，認清死亡的事實，並相信死後世界的存在。

生前與宗教結緣，或跟宗教關係深厚的人是幸福的，因為該宗教的人將來引導他們，幫助他們早日領悟死後的世界。

至於，那些生前拒絕宗教信仰、跟宗教無緣，甚至「與宗教沾不到邊」的人，往生後又是面臨何種狀況呢？我想，應該不會有人認為「固執、堅決不信宗教的人，可以立即直上天國吧！」

拒絕宗教的人，回到靈界後就麻煩了。不管誰來說服，最後結果都是「很難救了」，或是「這種人，除了靠自己覺醒，別無他法了」。

這種往生者認定「死亡就是結束」，當死後面對持續的生命之際，便誤以為「自己還沒有死」、「自己仍然活著」。

因此，返回生前生活過的地方，如家裡或醫院。如果發現那些地方已無容身之地，會為了尋找生路而到處徘徊遊蕩，如寺廟、教會或神社等埋葬身體的地方，有些往生者會向寺廟僧侶發牢騷，有些則在教會流連不去。

這些無法理解或不願承認自己已經死亡的人，會聚集在一起，不改生前的習性生活著，直到承認：「夠了、夠了，我知道了！」為止。

譬如，曾經加入幫派組織或參與暴力事件的人，死後聚集在一起時仍舊繼續互相鬥毆、互相殘殺。彼此不對盤時，不是說：「你敢瞪我！」就是說：「你踐什麼踐！」向對方挑釁，當然，對方也毫不服輸地反擊：「你在說什麼！」雙方衝突一觸即發。起初，以為手中有短刀猛刺對方，正當自忖：「這下可死了吧！」應當死亡的人卻爬了起來，「這個傢伙竟然還活著？」滿腹疑惑之際，對方卻邊喊著：「我要報仇！」邊將利刃刺了過來。這種死而復生的場景，永無止境地重複上演。

在這個「不管怎麼殺，都死不了」的奇妙世界裡，剛開始好像還會有痛的感覺，然而重複幾十次或幾百次之後，不禁開始懷疑「到底怎麼一回事」、「這是魔術表演嗎？真奇怪呀！」「好像受傷了，可是竟然不覺得痛」、「明明有傷口在流血，卻一下子就復原了，傷口也消失了，實在很詭異」、「脖子剛剛被砍斷，立刻又長出來」等等，這種看似荒謬的狀況不斷重複上演，讓這些冥頑不靈的人，領悟死亡的事實。

當彼此之間衝突逐漸平息時，引導者化身成僧侶或尼姑，問他們：「已經認清死亡的事實了吧？」然後，再花一小時左右試著開導他們。

如果仍然執迷不悟，引導者將送他們前往他處，接受另一種修行。

在靈界累積經驗

人死後，即使無法立即到天堂或地獄，在靈界也可以累積經驗，不同時期的往生者，兩者的經驗值是有所差別的。

在靈界待了幾年的往生者，看到新來的往生者重複自己過去的謬誤，便忍不住地說：「別白費工夫了，你殺了他，他會再活過來。」彷彿說教一般。

在靈界，不同死因的人，各有聚集之處。譬如，跳樓而死的人、跳河自殺的人，或是從瀑布頂端往下跳的人，這類自殺而死的亡靈聚集一處。如果讓殺人無數的黑社會流氓，看看這些自殺而死的人，又會如何呢？

這些草菅人命的人，看到有人準備從高處往下跳時，必然覺得：「啊！那個不要命的傢伙！」才想到這，那個人已經一躍而下，「碰！」的一聲，墜落地面的身體馬上血流滿地而死。

可是，不消一會兒，血肉糢糊的身體竟然爬了起來，滿腹疑惑地問自己：「咦？我竟然還沒死？再跳一次吧！」於是，他再度爬往高處，縱身一跳，結果還是死了又再活過來。

曾經拿刀砍殺的人，看到這一幕場景時，或許會質疑：「跳下來死了，又會再活起來，何必這麼愚蠢，一直跳、一直跳呢？」因此，可能發生流氓對自殺者說教的情形。

流氓會勸自殺者：「這個世界的人，死了還是會復活，我已經殺了好幾百個人，怎麼殺都殺不死，所以你怎麼自殺都沒用。從高處跳下來，也只是好像痛一下而已，死不了的，我勸你還是打消自殺的念頭吧！」

靈界的經驗值是會增加的，經驗豐富的人可以對經驗不足的人說教，而往生者之間的交談，可以幫助對方有所領悟。

說服唯物論者是件難事

生前對宗教有所領悟的人，死後會及早得到說服，順利適應死後的世界。然而，生前拒絕宗教的人就難以說服了，其中最難的，不是混黑社會的流氓，而是理工科老師之類的唯物論者。

死後的世界有動植物、繁花會盛開、魚兒也會游動，因此，唯物論者堅信：「這裡不是死後的世界、這裡是我們活著的世界。」

試圖說服如此頑固之人，的確不是一件容易的事情。

這些人並非十惡不赦的大壞蛋，僅因現代的學問尚有缺陷，害他們無法理解而已。況且，他們沉浸於現代學問幾十年，無法捨棄過往所學，腦筋都僵化了。

他們對引導者的勸戒充耳不聞，他們會說：「我當了三十年的理工科老師」或「我可是在大學裡做研究的」等，還會反駁：「你到底說些什麼？你是宗教系的吧！我可是物理系的，頭腦好得很，你哄騙不了我！」甚至自傲地說：「我們可是走在時代科技的尖端呢！」

至於，經常接觸人腦的腦神經外科醫生，會隨手翻動頭蓋骨，並說：「人死了，一切跟著結束，這只是一個身體部位而已，一點都不恐怖。」甚至輕鬆愉快的說：「叫我抱著頭蓋骨睡覺，也無所謂」、「這沒什麼大不了的」。

因此，要說服這一群唯物論者是非常困難的。靈界的引導者也努力思索，如何說服這些唯物論者，才能讓他們明白已經死亡的事實。

「沒別的辦法了！只好讓他們在靈界充當一下醫生。」直接帶往靈界的死亡現場，是最後唯一的辦法了。

由於靈界會出現許多死亡者的靈體，將他們帶到死亡者的靈體面前，然後告訴他們：「照您判斷的方式治療吧！」如此一來，他們會不斷重複相同的醫療行為，直到發現「這個世界似乎有點不一樣」為止。

這些人的確令人同情，明明不是窮凶惡極之人，可是思考模式卻錯得離譜，實在難以說服。

世人多半將宗教歸納於「私人」領域，僅於閒暇時從事宗教活動，工作時間幾乎不進行宗教活動。其實，個人所信為何，左右著此人能否得到拯救。例如，那些不相信宗教，或只懂得做物理性實驗的人，實在難以獲得拯救。

這一類的人，只能待在現代的地獄中，持續修行一段時日。

「無間地獄」隔離思想錯誤者

在靈界，唯有醒悟自己已死的事實，才能儘早往上提升一層。可是，曾經指導眾人走往錯誤方向的人，到了靈界，依舊堅持自己的想法：「我們根本沒死，那個莫名其妙的人一定是瘋了，竟然告訴大家『這裡是地獄』。」

另外，有些情況嚴重的思想犯，到了靈界，仍舊不改說謊習慣，他們會抓著人說：「你們都還活著，只是暫時進入另外一個世界。這裡，應該還是世間啊！」以「其實你們都還活著」來矇騙他人，這一種人也難以說服。

十分遺憾，這類妨礙他人悟道的人，是一種禍害，必須單獨隔離。

隔離之處就是所謂的「孤獨地獄」，或稱「無間地獄」的地方。

宛如罕無人跡的沙漠，或是仰不見天的深井。那是一處毫無人煙的黑暗之境，放眼望去，盡是荒涼與漆黑，彷彿烈日照射下的龜裂大地，徒剩早已枯死的草木。當一個人孤零零地置身其中，完全與世隔絕，猶如囚禁在一處牢獄之中。

在靈界的隔離政策下，那些人可以徹底整理思緒，經過幾年就開始反省：「好像哪裡不對勁喔！」不過，在有所省悟之前，僅能獨處，無法接觸任何人，直到真正意識到「說不定，自己真有做錯事了！」如此，才能獲得救贖。

引導者耐心等待這些人，直到他們謙虛地承認犯了錯誤為止。當他們認清錯誤，引導者就會讓他們離開，重新回到靈界修行。

生前曾經擁有地位、名譽及聲望，曾經受到大批部下擁戴，或接受眾人討好奉承的人，都是一群難以領悟死亡的人。唯有讓他們隔離獨處，才能冷靜情緒、安靜思考，才渴望傾聽別人的意見，並出現「不管是誰都好，誰來救救我！真想聽聽人的聲音！」的心境。

然而，人絕對無法一夕之間突然改變，即使他們已經達到這種境界，仍然無法即刻獲得解救，必須繼續累積關於「靈」的經驗，因此引導者會化身為各種不同的樣貌來指引。

世間的價值觀，在靈界完全行不通。世間一些有助益的想法、經驗、知識，反而妨礙自己踏上靈界的旅程。因此，如何摒除世間的種種經驗、知識，是一件非常重要的事。

死亡之下，人人平等。在死後的世界裡，世間的地位、學歷、財產、家世都發揮不了作用，每個人皆以一個獨立靈魂的身分受到對待，每個靈魂都身無長物、孑然一身。

5 找到靈界歸宿之前

不願相信自己已經死亡的人

入殮前，必須幫死者穿上壽服，讓死者知道自己已經死亡了。然而，生前不相信靈魂存在的人，即使死後穿上壽服、戴上壽帽，大概還會想著「別以為騙得過我」或「一定是誰在演戲」等等，不願相信自己已經死了。

守靈期間，親朋好友不斷悲傷哭泣，和尚到場喃喃誦經，往往令死者大為光火：「喂！我還活著，怎麼把我弄得像死人，這玩笑太惡劣了，真是不可原諒！我絕對饒不了你們！」類似這樣氣憤不平。

有些父母會責罵孩子：「太不孝、太過分了吧！我明明還活著，竟然把我打扮成死人，還把我的照片裝進相框懸掛，居然還拈香祭拜，開玩笑也該有限度吧！」

有些丈夫會指責老婆：「妳當我死了，想再去找個新男友是不是？」或說：「我明明還活著，妳卻把我當成死人，好跟其他男人結婚是不是？別以為我會原諒妳！」

接下來，不是責備周遭的人無情，對他有失公平，就是到醫院向醫生抗議，大聲咒罵醫生：「喂！你們做了什麼好事，是不是幫我打了迷幻藥、麻醉劑，讓我看到這些幻覺。可惡，都是你們害我腦袋出現幻覺了啊！」

經過一段時間之後，許多早先去逝的親朋好友會陸續出現在他的面前，像爺爺、奶奶、學校老師或生前朋友等等，一開始他會驚訝：「死掉的人怎麼都出現了？好奇怪啊！」甚至懷疑：「這是真的，還是假的？」但接著又會自我說服：「這一定是夢！」的確，夢中可以見到已死去的人，所以把一切解釋成作夢。

等到跟對方說話時，才會質疑：「咦！他竟然可以聽見我所說的話耶！活著的老婆跟孩子們完全聽不見我的聲音，死掉的人卻聽得見我說的話嗎？這一定是夢，我才能跟已經死掉的人說話。不過，這夢也太真實了啊！」

即使身旁出現已經過世的人，死者也不願相信自己已經死亡，仍然不停地責備活著的人，怒氣沖沖的說：「大家都耳聾啦？怎麼這麼難溝通？」甚至認定：「一定是醫生打錯針了，我才會變得這麼奇怪」、「一定有人把我隔離了！」總之，他們會認為「周遭一定有什麼地方不對勁」。

明明死了，卻自認為還活著，這些往生者會變得非常易怒，因為身旁的人根本無法聽見他們的聲音。儘管如此，入殮時的裝扮與奠祭儀式的舉行依然很重要。

渡過冥河進入靈界

面對這種令人束手無策的往生者，靈界透過一種讓死者知道自己已經死亡的「儀式」使他們不得不信服。

第一關就是渡過眼前的冥河。如果是沒有河川的國家，則以沼澤、高山、湖泊，或海洋替代。

靈界到處有冥河流動，當人死亡之後，必須穿著壽衣渡過冥河。剛到河畔，往生者會想：「這條河，好像是以前聽說過的那條河。」可是一腳踏進河裡，感受到異常冰涼的河水時，會立刻質疑：「哇，好冰！這真是一條河嗎？」然後馬上又自我安慰：「一定是自己身體太過寒冷了！」接著又會想：「我應該睡著了，因為太冷，才會做這麼冷的夢。」就這樣，一邊想、一邊慢慢渡過冥河。

在渡過冥河時，有人用力啪啦、啪啦地踩水而過，有人浮在水面上輕鬆飄過，也有人從橋上緩步走過。事實上，渡過河川的方式各有不同，僅是對亡者的不同優待，並非什麼嚴重的大事。對於悟性較高的人，出現渡橋讓他走過，或是讓他輕飄渡過，對於那些較不長進的人，就會讓他慢慢涉水而過。

冥河是一條清澈見底的河，河底盡是先前渡河之人所卸下的執念或眷戀，譬如：名片、金錢、珠寶等等。

每個渡河的人總會邊渡河、邊思索著：「這是什麼啊？好詭異的河哦！真奇怪！」甚至驚覺到：「這一切，好像是曾經聽過的故事喔！」

這時，早已過世的親朋好友，像學校老師、爺爺、奶奶、曾祖父母，或是比自己還早過世的孩子或兄弟，出現在對岸呼喊著：「喂！某某人，我們來接你了。」

有些往生者在渡河途中，看到對岸站著已經過世的人，稍有遲疑：「怎麼都是已經死去的人？現在到這裡好像還太早吧！要不要過去呢？」此人就可能折返人世。倘若心裡想著「對岸都是已經過世的人，不過好像是一個很美麗的地方」，進而渡過冥河，那麼此人就絕對無法再返回世間了。

或在渡河途中，聽到身後家人頻頻喊叫：「爸爸，還太早啊」、「不要丟下我們呀！」進而回頭的人，多半都會重返人間，但若是聽見聲音也不回頭的人，就絕對不可能再回人間了。

其實，人渡過冥河時，正是靈子線（Silver Cord）斷掉之際。人的肉體與靈體之間，是由一條從後腦勺延伸出來的靈子線相連在一起，靈子線斷裂之時，其實就是渡過冥河的的時候。

就日本人而言，渡過了冥河之後，可以發現那是一處長滿油菜花田的地方。日本人自古以來，會在油菜花開的季節，至宗教聖地參拜等等，這就是靈界的樣子。

春天時期油菜花開之際，朝聖者會去參拜日本四國八十八個寺廟。在靈界，也會出現油菜花或彼岸花，有些人則會在櫻花開時，從事各種活動。靈界當中春天的形象非常鮮明，這即是彼岸的樣貌。

就像這樣，在渡冥河的時候，會發現那裡是非常漂亮的地方，一日完全到了彼岸，大概就無法再返回此世了。

屆時，就會有人前來持續諄諄教誨。

一般人死後，大概都是這種情形。

無法渡過冥河之人

然而，作惡多端的人，或是打從心底排斥佛神的人，生前幾乎都受到惡靈或惡魔附身，根本連渡冥河的機會都沒有，而是以「倒栽蔥似地直直往下墜落」，彷彿電梯纜線突然斷掉般，飛快地往下墜落。

至於墜落多深，完全依此人所犯的罪孽有多深而定。罪行深重之人，將像墜落地心般一直往下墜，彷彿墜落了幾千公里、幾萬公里，那種恐怖是不言可喻的。好不容易墜落到底時，罪孽深重的人會如前所述，先孤獨地處在無人的黑暗之地，接著就透過不同的「行程」開啟「地獄巡禮」。

不過，大部分人都可以渡冥河的。

此外，許多人在渡過冥河之前，意識即將脫離肉體之時，會體驗一種彷彿穿越巨大光球，宛如剛走出隧道的片刻，眼前盡是一片光明世界的感覺，這就是靈魂脫離肉體的時刻。

那就彷彿像是穿過隧道一樣，突然從隧道或是融雪之地，突然跑出來的感覺。大多數人們會體驗到這種像是穿越隧道，抵達光明世界般的感覺。

經歷過靈魂出竅的感覺之後，通常就要渡過冥河了。不過，有些人無須經歷走出隧道的感覺，直接來到冥河邊。

當然，生前有所覺悟，或對宗教有所認識的人，不必經歷這些過程與步驟，一過世就有宗教相關人物、光明天使、菩薩前來迎接，並告訴往生者：「死後世界與你生前所知無異。」

為了使往生者明白靈魂已經來到靈界，引導者會帶他們參觀四次元精靈界，並進行一些新生訓練。在靈界入口附近累積經驗之後，依序升至較高層次的世界，最初升到五次元世界，與舊識共同生活一段時間後，再慢慢升到原本自己所屬的世界。

在世間已有真正覺悟之人，往生後將直線往上升等，這種人確實地存在著。

「照魔之鏡」呈現生前種種

除了墜落地獄的人，一般死者在渡過冥河之後，在從世間往天堂或地獄的中間地帶，等待生前種種作為的清算與論斷，再決定未來去向。

在中間地帶，有一面可以顯現生前惡行惡狀的鏡子，靈界的人稱之為「照魔之鏡」，如同傳說所言，這面鏡子可以放映生前的種種作為，以現代語言來比喻則貼近於「螢幕」。

「照魔之鏡」依序上演著生前的重要片段、各種轉捩點，從出生到童少時期、繼而就學、完成學業，接著結婚、謀職、換工作、離婚、破產，然後重新來過，以及孩子長大或死亡等各種階段，就像翻看個人相簿。

在這部「人生」電影上映時，親朋好友和引導天使也會陪同觀賞，播放「每一個階段所思考的內容，最後又如何克服」這類內容時，周圍的人就像陪審團一樣，以「圓圈」、「三角形」、「打叉」等符號來評定此人。

當然，陪同觀賞的人也會表達各種意見：「啊，這樣不行吧」、「這還差不多」，或是「嗯，這還不錯嘛！」等等，這算是中上程度的評語，若一百分是代表普通，這大概是八十分到一百二十分之間。「曾經做過一點壞事，但不致罪大惡極；偶爾做了些好事，卻沒什麼大不了」這類的人，大概都屬於這個等級。

完整看過一遍自己的人生，聽取種種評語之後，當事人會漸漸有所領會，然後就該決定自己何去何從了。有些人認為：「以自己生前的所做所為，我應該要下地獄吧！」也有些人認為：「我無藥可救了，立刻就下地獄去吧」，或是「去地獄待個兩三年」、「待十年也不過分」、「一週應該就夠了！」等等，當然，往後的人生就各有轉折了。

「照魔之鏡」宛若錄放影機，讓當事人的人生影像一一上演，既簡單又令人服氣。

若以世間的感覺形容，平常「照魔之鏡」放映時間大概一小時左右，當然也有例外。有些人在死亡之際，猶如觀看走馬燈般，快速瀏覽這些人生記錄；有些人則像是從高山失足墜落地面前的一瞬間，人生閱歷一閃而過。無論如何，死亡之後，必須重新審視自己一生的記錄。

由守護靈拍「生前紀錄片」

也許有人覺得詫異：「自己怎麼會出現在影片中？到底是誰拍的啊？」其實，人的靈魂借宿於肉體之中，而人的想法、念頭都會被紀錄下來。

若以拍攝的角度推測，不難發現這是守護靈所拍攝，因為在守護靈的眼中，你就是這個模樣。

拍攝紀錄片是守護靈的一項重要工作，守護靈鉅細靡遺地拍攝人們的生前影像，不管是好的、壞的都忠實紀錄下來，在人死之後再一次完整呈現。當然，播映結束之後，人生的判決也就出來了。

這是大部分人的情形，少部分人就不一定如此了。在宗教中有所領悟的人，幾乎都理解死亡是怎麼一回事，生前已經養成反省習慣，死後並不會有特別的困擾。唯一必須習慣的是，靈界的物理法則迥異於世間，採取像乘坐飛碟騰空般的移動方式。

看過照魔之鏡後，自己決定去向，這就是所謂「審判」。

在上演生前紀錄影片的同時，有一位威儀十足的人在場坐鎮，可以避免當事人過多的意見。這個角色，相當於古代審判死者的閻羅王。

現在，只有面對思想老派的人，才會派出扮成閻羅王模樣的人。一般而言，從事教育或制裁犯罪相關職業的人，如法官、檢察官、警察、學校校長或訓導主任等，比較樂意擔任坐鎮的角色。不僅如此，從事這類工作的人，也是擔任放映生前紀錄片的最佳人選。

過世的人為數眾多，僅有一個閻羅王是不夠的，需要相當多的人擔綱演出，非得有足夠的公務員不可。一般擔任放映生前記錄片的人，大概都是從事過這類工作的人，而法官之類的人就是最佳人選。這些人死後到了靈界，觀看自己生前的紀錄片，清算生前的種種之後，多數人還是會選擇從事扮演閻羅王的工作，因為這是最適合他們的工作。

在靈界，每個人擔任、執行著不一樣的工作，靈界的人生就此展開。靈界才是真實的世界，不論是幾年或幾十年後，每一個人的未來都是如此，因此最好時時謹記：「此時此刻，守護靈正拍攝著人生的紀錄片」。

心中所思所想，都一如透明玻璃般清晰，內心的聲音、想法與自身的種種變化，守護靈們全都看得非常透澈，而且滴水不漏地紀錄下來。舉例來說，即使抑制了想殺人的衝動，如果內心真的想殺死對方，這件事情也會像四格漫畫般顯現出來。所以，內心思緒必須隨時維持協調的狀態。

走一條無愧於心的人生路

關於死後的世界，我覺得仍有再論述的必要，本章僅先以「死亡之下，人人平等」為題，略做闡述。

離開世間之後，無論生前曾經多麼顯赫、多麼聰明、多麼富裕、多麼漂亮，或是多麼不可一世，更無論年齡多寡，所有人面對死亡時，一律平等，每個人都必須一清二楚地受到檢視。

觀看完生前影片後，接下來等著你的，就是死後的世界。在死後世界的修行，是一條漫長的道路，所需歷經的時間，約莫是生前的十倍。

因此，我由衷地建議大家，請選擇一條無愧於心又經得起檢視的人生路。

第二章

人死之後，靈魂何去何從？（提問與回答）

1 瀕臨死期的靈魂樣貌

【提問】請問當人接近死亡時，靈魂的模樣是怎麼樣呢？

在死亡前一年左右，天國開始進行各項準備工作

從命運的觀點來看，死亡何時來臨是可以預知的，但以靈性的角度來說，每個人離開世界的時間，大約在走向死亡前的一年就確定了。

在死亡前一年左右，天國開始進行各項準備工作，守護靈、親戚朋友無不思索著：「這個人即將回來了，怎麼迎接才好呢？」並慢慢調適好心情。

在死亡前三個月左右，靈魂會發出「快回去了！快回去了！嗶、嗶、嗶、嗶……」之類的信號，將即將死亡的訊息傳回天國。

在死前一個月左右，在睡覺或生病等意識渾沌的狀態下，部分靈魂會離開身體，頻繁地往返世間與靈界之間，預先體驗靈魂的世界。

因此，當這個人喃喃自語地說：「我看到許多不一樣的風景」、「今天來了一個奇怪的人……」、「我看到一個從來沒見過的人」、「我看見一個奇怪的景象」，那就代表邁向靈界的日子已接近了。

最後，在死前三天左右，可以明確知道何時死亡，天國也已備好「手冊」，載明「如何迎接此人」，一切都已拍版定案，只待即將往生者嚥下最後一氣。

人死前的靈魂模樣，大致如此。

2 往生之後，靈魂將往哪裡去？

【提問】人死之後，靈魂會變成怎樣呢？

靈魂脫離肉體前的狀態

人死之後，靈魂會變成怎樣呢？以靈性角度而言，在死亡的瞬間，靈魂頂多離開身體一、二公分，靈魂與肉體幾乎完全重疊，彷彿是層疊在一起的雙重影像。

一般而言，靈魂與肉體分離，須經一至二天左右，所以心臟、腦波雙雙停止的階段，仍不算是真正的死亡，因為靈魂尚存於肉體之中。

依據傳統的習慣，「在靈魂尚未離開身體之前，不能將遺體火化。」因為靈魂尚未離開身體，若非經過一段時間的「守靈」，不能將遺體送往火葬場火化。

倘若靈魂尚未脫離肉體，遺體就送到火葬場火化，究竟會發生什麼狀況呢？這當然是一件極度恐怖的事情。其實稍微想像一下，活生生的自己被送進火葬場火化，身體受到熊熊烈火包圍，心裡必定無比地恐懼，在棺材中奮力掙扎求生，緊繃的情緒也都全寫在臉上。實際上，往生者到了火葬場又死而復生是時有耳聞之事。

因此，往生之後立即被送去火化的人，不僅當下的遭遇悽慘，往後也會痛苦不堪，所以往生之後，必須先經過守靈的階段，不可以立即送去火化。

靈魂即將脫離肉體時，靈魂的上半身會慢慢浮起，接著整個靈魂緩緩飄離肉體，經過一段時間，靈魂終於像金蟬脫殼般，浮在空中。

這時，從頭部連接靈魂與肉體的靈子線終於完全斷掉，這才代表人處於「完全死亡」的狀態。

離開世間，前往靈界

離開肉體後的靈魂，看到為自己舉辦的守靈及葬禮，以及火葬場火化的景況，儘管心中疑惑著：「我的相片怎麼會掛在葬禮儀式上？」但也應該大致明白：「我似乎真的已經死了。」

其實，每個人都有一位守護靈，死亡之後守護靈會現身迎接，並懇切地告知「你已經死了」、「別再留戀世間、存有執著」，然後指引靈魂前往該去的地方。

首先，與早年離世的親朋好友聚首，他們流著眼淚回憶往日種種，最後再以前輩身分稍微說明一下「死後的世界」。接下來，是到一個剛過世往生者的聚集之處，先進行一段時間的修行，便於適應沒有肉體的生活。

幾年過去之後，另一個引導者會出現，迎接靈魂回到出生前所待過的原本世界。

人死後，一般大概經歷這樣的過程。

3 進入靈界之後，年齡會有什麼樣的改變？

【提問】到了靈界，仍然以死亡時的年齡繼續生活嗎？嬰兒依然保持稚嫩，老人仍舊維持年老之姿嗎？

死後大約三年，可以變成自己喜歡的年齡模樣

關於到了靈界，是否仍然以死亡時的年齡繼續生活的問題，當然，大部分人在一段時間之內，仍留有死亡時的意識。

實際上，世間死亡的人仍以老年人居多，若以「人死後在一段時間之內，保留死亡時的意識」的理論來推測，靈界不就成為「老人天國」了。這似乎與一般描述或想像的天國景象，有所出入。

那麼真實的情況到底是如何呢？離開人世後，需要一段時間的修行，以拭除世間所沾染的污垢，使靈魂的本質漸漸清晰明白。這段時間的長短因人而異，平均需耗時三年左右，當然有人只需三天左右就除盡，也有人直接回到原本存在的世界。

之後，由守護靈或指導靈教導「何謂靈性的存在」並透過實際操作學習在靈界變幻姿態。以世間的時間來說，平均三年左右能抓到訣竅。學會這個技巧之後，每個人就都可以依照願望自由變化了，例如，心裡想著：「我想穿這種款式的衣服！」就會如願變出該款式的服裝，不管是喜歡變成年紀大一點的，或是喜歡變成年輕一點的，都能如願變成自己希望的模樣。

小孩靈魂在天國長成大人

嬰兒死後，以嬰兒的意識回到靈界，然而嬰兒並不明白自己已經離開了世間，因此，天國有以撫育小孩為修行的靈魂。

一般而言，在世間尚未經歷懷孕生產與撫育小孩的女性，靈魂回到天國後，必須繼續完成這些修行。所以，在天國的嬰兒靈魂交由這些不曾養育小孩的女性照顧，以約為世間二十年左右的時間，將小孩靈魂撫育成人。

小孩成為大人的歷程與世間類似，天國也有相當於幼稚園、小學、國中的學習之處，也會有老師在一定時間內教育這些孩子，學習在世間來不及學的事物，順利成長為大人的靈魂。之後，經過三年左右的學習，學會自由變換成自己希望的年齡。

倘若活著的時候，對靈界已有某些程度的了解，死後可能無須費時反省，可以毫無阻礙地回到原本存在的世界。例如，日本松下電器的創辦人松下幸之助過世時，他的靈魂在臨終當晚十點半左右拜訪我，約莫跟我聊了十分鐘之後，松下幸之助就直接返回梵天界，回到他原本存在的世界。

4 自殺者的靈魂何去何從

【提問】自殺者的靈魂會去地獄嗎？自殺者要怎麼做才能回到天國呢？

自殺者的靈魂多半都會變成地縛靈

原則上，自殺者的靈魂，是上不了天國的，與其說「上不了天國」倒不如說「連地獄都去不了」。尚未完成使命就結束自己生命的人，其靈魂多半變成徘徊某個特定地點的地縛靈。

許多自殺者的靈魂，會流連徘徊在世間的某個特定空間，例如，自殺之處，或遊蕩在家屬、親人身旁，所以無法離開世間，也無法進入地獄。

要這種人「徹底覺悟絕非易事」，必須耗費許多時日才會覺悟，儘管依照個性不同而有所差別，但最快也需歷經數年的時間。

自殺者的靈魂回到天國的條件

所有自殺者的靈魂都無法到天國嗎？事實上，是有一些例外的，藝術家之中就有真實的例子。

日本的白樺派作家有島武郎，雖然是自殺身亡，死後卻回到菩薩界。因為，他原本就背負使命，並在世間努力推廣人道主義，自殺而死還是可以回到天國，川端康成也是相同的例子。

儘管，自殺後可能可以回到天國，但多數人卻是朝地獄而去，甚至徘徊世間不去。自殺後的靈魂將何去何從？這是一個賭注，千萬不要任意嘗試。

通常，選擇自殺的人多是以自我為中心的人，往往只顧慮到自己的處境，當無法看見自己該往何處去時，乾脆自我了斷、一死百了。

儘管，自殺者回到天國的條件與一般人幾乎相同，但是自殺者的死狀幾乎都很悽慘，想回到天國有其困難之處。所以，一般人自殺之後靈魂通常無法前往天國。

究竟，自殺的靈魂要達成何種條件，才能回到天國呢？通常有兩種情況。

一種情況是「本身有所自覺、有所領悟」，當自殺者明白所謂靈界的存在，並為自己的謬誤表示懺悔，屆時依然能回到天國。

另一種情況是「出現了告誡自殺者的靈魂」，儘管以自殺方式結束生命，自殺者在世間累積相當的功德，在天國仍會出現有緣人前來相救，例如，世間早逝的親朋好友。自殺者透過有緣人的熱心告誡，可以藉助「他力」而有所覺悟，這是非常幸運的情況。

換言之，自殺者若是沒有功德，是不會出現他力相助的，告誡者的出現是屬於非常、非常幸運的狀況。我誠心地勸戒大家，絕對不可以有自殺的念頭。

5 供養慘遭天災、戰爭而無法升天的靈魂

【提問】在戰爭或地震災害中一次造成眾多人死亡時，是否可以對該地區的不成佛靈進行供養？供養不成佛靈，會對地區淨化帶來什麼樣的效果呢？

同時供養多數人需要大能量

佛教中有所謂「千僧供養」，就是由「千名僧侶同時供養亡靈」。當範圍廣大、靈魂眾多時，僅僅只有一個出家僧為供養導師

力量確實過於單薄，必須聚合一千左右的僧侶，一起誦經供養。

簡而言之，就是增強念力。如果沒有集結眾多僧侶的念力，無法同時供養這麼多靈魂。

例如，供養在阪神地震災害中意外身亡的眾多靈魂，必須聚集相當龐大的能量，然而僅僅供養一次，也是無法幫助這些人順利到達天國。到底供養到何種程度，才能進入天國呢？其實，每個人對世間所抱持的怨恨與執著迥異，所以供養的程度也是因人而異。

生前對於宗教有所了悟的人，死後可以早些進入天國。即便在地震災害中失去性命，倘若相信靈魂世界的存在，或是相信「幸福科學」教義的人，無須太多時間就可以進入天國，這點是毋庸置疑的。

不過，若不信死後世界存在，或是拒絕宗教的人，在遭逢天災而突然喪失生命時，由於無法理解死亡來臨，依然抱持生前種種執著，會使得前來引導的靈也不知從何著手，只好在地表附近繼續飄蕩。

但是，倘若是對宗教完全無知的人，在死後數年內仍舊無法領悟而維持死亡時的模樣。儘管領悟力如何遲鈍，經過五十年左右，大概也能開始察覺「好像哪裡不對勁，好像有些奇怪呢！」

平均來說，這些靈魂會逗留世間三年左右，當然，真正情況也是因人而異，有的人長達五年、十年，或是二十年。不過，超過五十年之後，大概就會產生「差不多可以遺忘、釋懷了」的感覺。

然而，東京大空襲等事件距今已經超過五十年，關於事件的罹難者，他們幾乎都已經回到天國了吧。

意外死亡的靈魂會早點轉世

在人生旅途中不幸遭逢意外而死亡的人，若不必前往地獄受苦磨練，心存遺憾地回到天國，幾乎都會提早轉世，讓人生能夠重新來過。

意外結束生命的人，例如：「在兒童時期死了」、「新婚的時候死掉」、「事業做到一半時死掉」、「人生『剛要開始』的時候死掉」的人，若懷抱著「重新來過一次」的強烈意志，多半能在十年或二十年之間再度重回人間。

其實，在東京大空襲中枉死而回到天國的人，多在昭和四〇年代（西元一九六五年前後）的嬰兒潮中已經轉世人間。

在東京大空襲意外喪生的人，靈魂仍然徘徊人間不去的應該已經寥寥無幾了，因為這些靈魂若非返回天國，就是還在地獄之中。倘若，在高樓大廈林立的現在，依舊察覺不到自己死亡的事實，勢必是異常頑固之人，只能繼續依附墓地，終日遊蕩。

若是為在阪神大地震的罹難者感到惋惜的話，在地震發生約二十年後可以獎勵生育。因為應該會有許多懷有「為創造美麗的神戶，想再次重新打造人生」的靈魂正打算轉世到人間。

地區淨化供養須持續三年

所謂千僧供養的千僧只是象徵性的數字，無論是五百人、三百人或一百人，只要僧侶數量達到某種程度，一起舉行供養儀式，就能產生地區淨化的作用。

然而，遭逢意外死亡的人無法立即理解已經死亡的事實，對世間仍舊抱持無限執著，無論如何得經過一段時日之後，才能逐漸放棄對世間的眷戀，接受引導靈的指導才能返回天國。畢竟他們還是無法簡單地就上到天國，因為他們對世間仍抱持執著，如果要達到某種程度的放棄需要花上許多時間。

在地震災難中死亡的人，對於時間的感覺會同時停頓下來，直到眼見地震毀壞的城鎮，重建成新的風貌，才慢慢有所覺悟。

因此，供養意外身亡的靈魂，基本上必須供養至死後的第三年，之後他們應該就能明白，世間發生的一切，終究只是一場夢。

6 向不相信死後世界的人傳達真理

【提問】請問，對不相信靈界存在的人，傳達佛法真理的意義何在？告訴他們之後，他們在死後就能夠比較快察覺靈界真相嗎？

掌握靈界知識才能及早醒覺

如果生前有信仰、相信靈魂存在，當然是最容易引導的狀況，如果沒有到達信仰的程度，對死後世界有些許基本常識，引導起來也會比較簡單。

自己不相信死後的世界，卻常聽妻子說；自己不相信，卻常聽孩子說；自己不相信，卻常聽爺爺或奶奶說……等等，透過不斷聽說而累積的知識，在死後也較易察覺到：「或許，他們講的都是真的。」

在靈界引導死者時，最棘手的莫過於對死後世界毫無所知的人。畢竟，引導一個缺乏靈界概念的人，是一件極為困難之事。在世間，無論如何解釋都像對牛彈琴的人到了靈界，不管旁人如何費盡口舌也說服不了，就算直接告訴他「你已經死了！」這般頑固的人也無法接受死亡的事實。

為了讓頑固之人相信，旁人或許會問：「你最近吃過飯了嗎？」他才恍然想起：「我好像已經好幾年沒吃飯了。」

我猜，各位一定覺得訝異：「為什麼連這種事都不知道呢？」

畢竟，活在世間的人一天沒吃飯就會餓得難受，一週沒吃飯應該就快餓死了，他們明知道好幾年沒吃東西了，卻依然認為自己還活著，甚至等到有人提醒「你已經好久沒吃飯了吧！」這才終於發現：「對啊，好奇怪！」

另外，還有一種情形，當旁人告訴他：「你已經變成幽靈了！」他仍舊自信滿滿的說：「你以為我是傻子嗎？我明明活得好好的，正在跟你說話呢！」於是旁人建議他：「假如你覺得我說謊，不妨試試看把手穿過胸膛吧！」當死者舉起手、放到胸膛，竟然輕鬆穿透時，必然無比驚訝。

這時，若問他：「活著的人可以將手穿越胸膛嗎？」對方只能回答：「當然不可能！」繼續追問：「你為什麼可以這麼做呢？」執迷不悟的靈魂才開始質疑：「難道，我真的成為幽靈了？」

我想，這應該是最普遍的狀況，許多人對於死亡的認識僅止於這種程度而已。所以即使身在靈界，卻渾然不覺自己已是死後世界的人。

首先認識真理，之後再抱持信仰

身在宗教信仰較為普及之處的人們，如基督教國家等，就比較容易理解死後世界的存在。相較之下，缺乏宗教信仰，或是思想單純的人，自然就慢了許多。此外，生前生活富裕、經濟無虞的人，也難以理解死後的世界，這是經濟繁榮所帶來的負面影響。

對於缺乏理解的人，或是徘徊特定區域的遊魂，必須經由旁人提醒「超過一週不吃東西卻沒感覺，代表你已經死了」、「你可以飛天、遁地、穿牆，難道不覺得奇怪嗎？這絕對是死了的人才能辨到的」等等，才能逐漸了解到自己已經死亡。

「這是你的家，你原本住在這裡，可是房子已經被火燒毀，僅僅剩下一根柱子，你覺得整棟房子被燒得精光，住在裡面的你，可能逃得過被大火吞噬的命運嗎？事實上，你已經像烤過頭的牛排，變成黑黑的焦炭，你看，你就在那堆焦炭之中。」

「現在的我，又是什麼呢？」

「一個沒有肉體的你。」

一個完全不具概念的人，所具備的認知程度，大概只能達到這種水準。至於，病死或遭逢意外死亡的人也是如此，引導起來格外棘手。

生前一定要學習靈界的知識，哪怕只是一點點皮毛。如果可以更深入了解，進而產生宗教信仰的話，死後便能快速地融入靈魂的世界。

我相信幸福科學的會員們，即使遭遇天災而突然過世，也隨即能明白死亡的事實，一邊與引導靈打招呼、一邊往天國移動。

然而，一些信仰心薄弱的人或許還抱持「再多活些日子就好了」的想法，這一類的人則是例外。相較之下，已有充分領悟的人，或許一天左右就能升上天國。

各位讀者不妨捫心自問，自己是屬於哪一種類型？

7 如何看待腦死的問題

【提問】我考慮在自己腦死後，提供肝臟等內臟給需要移植的人。在醫學上「腦死就等同死亡」，而從佛法真理的角度來看，該如何思考呢？

「靈子線」斷掉才算死亡

現代醫學認為：「人的腦波停止，即是死亡。」因為腦部功能一旦停止，便永遠無法恢復原有機能。

單從肉體觀點來說，這種說法應該可以成立，但人的肉體中還寄宿著靈魂，所以真正的死亡，應該是靈魂完全脫離肉體之後。當靈魂尚未脫離肉體，還以沉睡狀態處於肉體之中就不算真正的死亡。

靈魂脫離肉體至少需要經過一天的時間。

當人死亡之後，通常還誤以為自己仍舊活著，靈魂不會立刻離開身體，如果死後立即送往火葬場火化將是一件非常恐怖的事情。所以，人們通常會舉行守靈儀式，透過一整晚的守靈讓靈魂有足夠時間脫離肉體。

當死者看到親朋好友們穿著深色衣服、流著眼淚，又看到自己的照片高高懸掛，就會開始思索：「自己說不定已經死了。」

這種自覺產生之後，靈魂將漸漸從肉體脫離，當連結肉體與靈魂的靈子線斷開之際，就是真正的死亡了。

靈子線尚未斷裂時，肉體的感覺仍會傳達給靈魂，即使看似死亡了，靈魂依然能感受到肉體的變化；靈子線斷開之後，不管肉體受到何種處置，靈魂都不會有任何感覺了。

如果在大腦機能停止後，醫生馬上取出肝臟或腎臟等器官，究竟會是什麼情況呢？其實，就像以手術刀剖開活人身體、取出內臟，你能夠忍受這種對待嗎？

或許你會說「可以」、或許你會說「我才不要這樣」，不管是否能夠忍受，從結論來說，只要靈子線尚未切斷，靈魂依舊能感受到肉體的疼痛。總之，當大腦機能停止後，當醫師取出你的內臟器官時，你必定會感受到激烈的疼痛和驚愕，這是毫無疑問的事實。

以靈魂的觀點來看，如果真的要取出內臟器官，在死後過一天再進行其實是比較恰當，但如此一來，器官機能勢必衰竭，便無法幫助需要接受器官移植的人。畢竟，進行器官移植還是需要新鮮的器官。

所以，死後捐贈器官的人一定得承受劇烈的疼痛。如果你真的選擇這麼做的話，必須要有著「自己即將邁向死亡，為了幫助他人，我可以忍受痛苦」的自覺。

內臟具有靈魂意識

人的靈魂看似獨立的個體，但其實是多重意識組合的複合體，人類以腦部為中樞整合所有意識，其中包括內臟意識。所以，內臟也是具有靈魂意識的。

當胎兒在母親子宮裡身體逐漸成形時，司掌各種內臟器官的靈魂也發出指令，使各個器官慢慢發育成形。

人死時，各內臟意識會結為一氣同時離開肉體。因此，如果死後馬上取出內臟的話，即使靈魂從肉體中脫離，也將帶著莫大的痛苦離開。

當然，如果可以清楚了解何謂生死，明確認清靈性的存在便能克服這種痛楚，令痛楚漸漸消失。然而，如果是抱持唯物論思想的人認定死後一切都結束了，在死後捐贈器官的過程當中就會變得異常痛苦。

當醫生取出內臟時，他會痛苦地叫喊：「好痛！好痛呀！」明明不需要心臟了，卻還是大聲哀嚎：「我的心臟被拿走了！」儘管根本不會流血，卻彷彿流血不止般，大聲喊叫：「糟糕！我還在流血！」

當靈魂脫離肉體之後，短時間內仍會維持著肉體的形狀，如果死前忘了剪指甲，靈魂的指甲也是長長的；如果死前有白髮，靈魂的頭髮中也會有白髮，甚至連眼睫毛、指甲形狀也都一樣。如果死後心臟還在，輕撫胸口還可以感受到心臟的跳動呢！

在靈界生活一段時日之後，肉體的感覺才會慢慢地消失，漸漸變成單純的靈體。通常，人在死後的二、三年之間，靈魂依然會感覺到內臟器官的存在。

腦部功能停止後，捐贈器官前的心理準備

我想，經過以上說明，各位讀者大致已經明白，捐贈器官是一

種愛的行為，但捐贈的同時必須承受這行為所伴隨的痛苦。

其實，有些器官受贈者之所以接受器官移植後立刻出現排斥現象，其原因在於彼此間的意識互有差異，亦即受贈者認為「自己身體裝了他人器官」進而產生排斥的反應。簡單的說，就是拒絕他人的靈魂意識進入自己的體內。

為了避免這種狀況發生，醫生應先對臨終的捐贈患者說明：「你過世後，內臟器官將移植到他人的體內，希望你能夠明白可能遇到的各種狀況。」同時也必須向受贈者說明：「這是一個持有意識的內臟器官，為了避免出現排斥反應，請你務必抱持真誠的感謝之心。」身為醫生的人，一定要對雙方如此諄諄告誡。

因此，捐贈者必須做好「大腦機能停止後，馬上取出內臟，一定會感覺疼痛」的心理準備，才不會到時痛苦地喊叫：「好痛！好痛！」對內臟器官產生影響而形成不良反應。至於，受贈者必須懷著感恩之心，抱持「真心感謝」的態度，並且誠心祈求捐贈者能夠回到天國，才能避免這種排斥的情況發生。

我衷心期盼，醫生能在確實理解靈性的意義之後再進行內臟器官移植手術。

讀到此處，或許你會產生一些畏懼之感，但是我仍然必須清楚講明這些事情。因為，若是等到大腦機能停止，醫生摘取你的內臟器官時，你才驚慌地大喊「等一下！」那時就太遲了，因為誰也聽不見你說的話了。

總之，我想事先提醒大家的是，內臟器官被摘取出來是一件很痛苦的事。

遺體運到火葬場火化，也是同樣的道理。

如果以「太忙了」、「空間太狹窄了」等理由，將往生者的遺體立即送去火化，不僅會令往生者身陷火海之苦，也會害他難以順利升上天國。所以，盡可能將遺體多放置一天，並在這段期間努力說服死者：「不要眷戀世間，絕不可依附肉身，一定要回歸天國。」這是一件非常重要的事。

第三章

腦死與器官移植的問題點

1 宗教家的使命

說出關於靈性的真相

在一九九七年，日本國會針對「腦死是否等於人的死亡」、「在腦死狀態下，是否可以進行內臟器官移植手術」等主題詳加討論。

當時媒體也針對這個議題爭相報導。當時輿論傾向支持進行移植手術的醫生們的意見，宗教界的意見遭到冷落與忽視。

的確，以舊思維為依據的宗教，實在難以解釋內臟器官移植這個現代問題，何況，有許多現代人並不相信死後的世界及靈魂的存在。

事實上，即使在潛意識中有某種程度相信，但大部分人仍然無法以表面意識明確傳達自己其實是相信的。

我身為一個宗教家，有責任站出來闡述意見。這是一個知曉真相的宗教家的意見，是一個不受眾人意見所左右的正論。

2 何謂真正的死亡

「唯腦論」是新的唯物論

社會上對於腦死與內臟器官移植的問題，經常出現「腦死代表死亡」的醫學觀點。但是，醫學上的死亡與宗教上的死亡論調是否相同呢？

「死亡難道有兩種不同的面貌嗎？還是結論只有一個呢？抑或是某一方的想法，僅掌握了事實的某個面向呢？」以下，我想要就此問題加以闡述。

首先，從思想的層面來說明。

西方國家陣營在與共產主義國家冷戰勝出之後，從一九九〇年代以來，以馬克思主義為基礎的唯物論，看似呈現了大幅衰退。但我卻認為二次世界大戰後，唯物論思想正以一種迴異型態慢慢抬頭，就是以「人的本質是大腦，大腦機能一旦喪失，人與屍體毫無差別」為思考模式的「唯腦論」。

其實，這種唯腦思想，幾乎是存在已久的「人即機器論」的翻版。因此，我認為這是醫學上的唯物論、醫學上的馬克思理論，是一種取代馬克思唯物論的新唯物論。

我不得不嚴正指出，在關於內臟器官移植法案爭論的背後，隱含著「唯物論」與「堅信靈界存在的宗教觀」之爭。

人類的本質是靈魂

醫學上認定：「當腦部機能停止時，人就變成一具屍體了，腦死代表人的死亡。」但真的如此嗎？

自從我的靈性意識開啟，與離開世間的靈人對話，我一直以宗教家的身分指導宗教活動。在數十年中，我出版了許多「靈言集」，讓歷史上赫赫有名的人物在靈魂脫離肉體之後，所思所想仍得以轉化成文字，普及於世。

根據我的實際體驗，深知「人並非以大腦思考」、「人死後，依然保有生前的習慣和思考方式，並持續進行具有個性的思想活動」、「人死後，同樣具有思考的能力」，這是不容置疑的事實。

人並非以大腦思考，大腦就像一個管理室，具備類似電腦運算及管理的機能，當頭腦「機器」故障時，人的思緒就無法表達了。其實，這只是一種功能性的障礙，人的思考力和意志力並未喪失。

換句話說，人的思考中樞在於靈魂、靈體，靈魂才是人的本體，肉體不過是一種工具。

若將肉體比喻為車子，靈魂就是司機了。當車子發生故障無法前進時，雖然看似司機將車子停下來，也絕對不會與司機的生死混為一談。靈魂和肉體的關係，就如同車子和司機的關係，靈魂的存滅與肉體的生死毫無關係。

我認為，這一觀點，是腦死問題最應該探討之處。

腦死狀態下的靈魂

在醫師宣稱「腦部功能完全喪失」的腦死狀態下，肉體跟靈魂之間又是何種關係呢？

在人尚有體溫、氣息的狀態下，心臟繼續跳動、血液繼續流動，靈魂也繼續留在肉體之中。所以，在腦死狀態下，人的靈魂依然附著於肉體，這就是靈魂的真相。

處於腦死狀態的人，多數是起因於交通事故造成腦部損傷，面對這種突來的意外事故，人們幾乎無法釐清自己處於何種狀態。即使醫師宣告「已經腦死，變成一具屍體了」，但絕大多數人都無法接受自己的肉體已經死亡的事實。

在大腦沒有反應的情況下，是否代表喪失了思考能力呢？是否代表無法聽見身邊的人所講的話？其實，靈體無須耳朵就能知道對方講的話，甚至連心裡想些什麼也知道。

因此，即使處於昏迷狀態的病人，也清楚明白周圍的人講些什麼、想些什麼，並明確知道自己正接受何種醫療處置。

伴隨器官移植而出現的附身現象

在靈子線尚未完全斷裂、肉體尚未達到死亡狀態時，不相信靈界或靈魂存在的人，以「自己還能辨識自己、自己還能思考」為依據，認為「自己肉體仍然活著」。然而，相信死後世界及靈魂存在的人，清楚體認「靈體與肉體不同」，即明白「自己肉體慢慢面臨死亡，靈體依然還活著」。但是，無法區分靈體與肉體的人，即便他們並非是以肉體思考，而是用靈體思考，但他們卻依舊堅信自己仍活著。

這就是關鍵所在。我認為必須要重新對戰後唯物論的教育進行思索才行。

他們能聽見床邊親人的殷殷呼喚，不過即便自己出聲應答，親人卻似乎完全聽不見，因此他們會焦急得不知所措。

假如這時醫生執刀剖開身體、取出內臟器官，並移植給等待器官的病患，究竟會發生什麼狀況呢？

首先，面臨死亡的人必定產生極大的驚愕。

我必須強調「在靈魂的機能中，大腦、心臟都是重要中樞」，因為人的靈魂並非像果凍般的阿米巴原蟲，而是層層疊疊的複合體，而內臟器官，也並非是單純的一種物質，而是具有靈魂的意識。

心臟是主宰意志與感情的靈性中樞，如果在死者尚未承認死亡的情況下，將心臟移植到他人體內，此人的靈體將跟著轉移到新肉體，產生「附身」的靈性現象。

當捐贈者的靈魂和移植者的靈魂，進入一種共存的狀態時，即會產生排斥反應。在過去的醫學報告中，有許多移植手術後產生排斥反應的實例。

無法前往靈界的靈魂，多是對世間充滿執著，或是心存憤恨與怨氣，經常藉著到處作怪發洩不滿。因此，部分器官受贈者家中陸續遭遇不幸之事，這就是傳說中「怨靈作祟」的「怨靈」問題。

器官捐贈者到了靈界會怎樣？

人死後，靈魂將離開肉體，前往死後的世界。一開始，會在稱為「幽界」、「精靈界」的四次元靈界過著類似生前的靈性生活。而往上一層的五次元「善人界」以上，就是所謂的天國了。

在四次元或五次元靈界的靈魂，仍舊擁有世間的生活能力，指甲繼續生長、心臟繼續跳動，生前的意識也都帶到死後的世界。因此，捐贈心臟的人在心臟部位呈現空洞的狀態下前往死後的世界，意識亦時時處於起伏不定之中。

他們剛開始會感到困惑，甚至手足無措，然而，一段時間之後將慢慢淡忘人間的種種，漸漸習慣靈體生活，肉體意識也逐步轉化為靈性意識。

儘管，靈格越高越能遠離肉體意識，進入「思想」的世界。然而，一般人死後數年內是以靈性意識與肉體意識共存的狀態待在靈界。

我不得不明確指出，在腦死狀態下進行器官移植，可能會造成受贈者的靈性障礙。即使沒有發生這種憾事，但在捐贈者前往死後世界的旅程中，也勢必遭遇極大的阻礙。

「靈肉二元論」與「色心不二」

或許有些人認為：「在歐美這個基督教文化圈裡，幾十年前就提倡內臟器官移植，為什麼我們還要探討這個問題呢？」因為基督教文化圈將未成熟的理論視為主流意識。

基督教文化圈存在著「靈肉二元論」，到笛卡爾二元論的強烈影響，人們普遍認同：「靈魂與肉體，是二種截然不同的東西。」

在歐美，人們認為：「肉體是肉體，靈體是靈體。肉體是神以塵土造就，靈體則是神將氣息吹入，即靈魂。」

在肉體與靈體分開思考的模式下，他們認為：「肉體是塵土所造就的物質，靈魂則是與肉體毫不相關的東西。」他們承認靈體的存在，卻認為「與肉體切割也無所謂」，這是一種靈性知識不足的表現。

實際上，靈體跟肉體並非迥異之物，兩者間有許多重疊之處。佛教中的「色心不二」意即「色（肉體）與心（心靈）並非個別的單獨存在。色與心無法一分為二，兩者間相互影響」。

從現實的觀點來看，這的確是事實，因為肉體的變化會傳達給靈體，而靈體的變化也會影響到肉體。例如，當肉體生病時，靈體同樣感受到苦痛，而靈體感到驚愕或生病時，肉體也會發生異常的變化。

我不得不說，基督教當中尚橫行著不成熟的理論。

靈魂脫離肉體即是死亡

一方是「即將往生的人」，一方是「接受內臟器官移植，或許可以多活幾年的人」，或許有人認為：「相互權衡之下，取出將死之人的內臟，移植給可能多活幾年的人，似乎更有價值。難道，不應該優先考慮能夠活得更久的人嗎？」

如果以愛的立場出發，我必須承認，這是某種自我犧牲的行為。但是，在腦死狀態下，肉體與靈體尚未分離，而死亡的定義，除了「靈魂離開肉體」之外，別無他說。

一般而言，人死後的兩三小時內，無法立刻放下對於肉體的執著，靈魂還會反覆進出肉體，試圖抓住肉體。

一如「往生者的家屬齊聚一堂守靈、舉辦喪禮，讓往生者自覺於『自己已經死了』，進而讓靈魂脫離肉體」的這個自古以來的儀式，可以說靈魂會在人死後幾個小時到一整天游移在肉體周圍。

靈子線（Silver Cord）它好比一條銀線，連結靈魂與肉體。當靈子線斷開之際，即為人的正式死亡。只要這條線沒有斷裂，靈魂的意識與肉體的意識就不會被徹底分開，從真實的意義上來說，就是還沒死亡。因此，還是有可能復甦的。然而，在靈子線斷裂時，便無法再活過來。

我認為對於死亡的認識，醫學與宗教口徑應當一致，將心跳停止與否視為醫學上認定死亡的標準，既不嚴謹又不恰當，因為每個人都可以輕易判斷心跳狀態。我要再次提醒，在心跳停止過後的一段時間，死亡才會真正到來。

在肉體死亡的階段，靈魂尚未脫離肉體，「往生者的父母、祖父母，或是天使們將從靈界過來迎接往生者，並且說服此人」，如此狀況將會持續一陣子。這就是為何要舉辦守靈和喪禮等儀式的緣故。

儘管，我可以充分理解「只要移植器官，或許就能繼續活著」的想法，但是，我不禁想問：「為了活下去，摘取尚未完全死亡的人的器官，難道不是一種執著嗎？難道不是一種欲望嗎？難道不是一種唯物思想嗎？」

當一個處於重病狀態卻「還想活著」的人，與另一個處於腦死狀態卻「還不想死」的人，彼此之間的執著心相互交疊時，必然會發生靈體附身的現象，進而衍生「靈障」的困擾。

器官捐贈看似一種愛的行為，遺憾的是，這無法拯救真正的靈魂。然而，將唯物論思想奉為社會主流的地方，卻處處瀰漫著「沒有靈魂、沒有死後世界，宗教是迷信、是無稽之談」的論調。

3 現代醫學尚未開化

人工流產造成靈界混亂

在現代，醫學似乎取代了宗教。「醫學是尖端科技，聚集了頂尖的知識，唯有萬能的醫學才能判定一個人的生死。」這種高傲的看法四處蔓延。

以一個宗教家的靈眼觀察，我不認為現代醫學有多先進。

針對死亡的問題，我已做了諸多論述，然而，根據醫學的觀點卻仍舊無法解釋靈魂與肉體之間的關係。

相對於「死亡」和「誕生」的問題中，我多次透過靈視目擊，懷孕滿九週之後，胎兒的靈魂進入母親肚子裡，靈魂與肉體從此相互依存。毫無疑問的，從懷孕第九週開始，胎兒就具有靈魂了，所以，之後若進行人工流產（墮胎），即是一種剝奪生命的行為。

然而，現代的日本是「墮胎天堂」，據說每年人工流產拿掉了將近一百萬個胎兒。人工流產會造成靈界靈魂難以轉生世間，引起靈界的混亂；人工流產也會造成人生計畫中斷，引起世間的紛亂。例如，抱持明確人生計畫、準備轉生世間的人，受到人工流產的影響，無法與原定計畫中的對象共結連理，或無法擔任原本預備擔任的工作等等。這樣的靈性憾事，真實地在處處發生、處處上演。

就像這樣，現在的日本進行了為數眾多的合法之人工流產。而在人誕生之際，就不在乎地結束生命，正是日本的醫療。就算一年內把好幾千個尚未死亡的人稱為「腦死」當作屍體看待的案件，與人工流產相較之下數量還算少，真是不可思議。

心臟移植是古代宗教儀式的復活

遇到熱衷心臟移植的外科醫生時，我總不免聯想到古代馬雅文明。

在古馬雅文明中，有一種挖取活人心臟獻給神明的儀式，據說約有幾萬、幾十萬人慘遭活活取出心臟的酷刑。我猜想，現代一些心臟移植手術的外科醫生，或許前世生於古馬雅文明，以執刀挖取活人心臟為業。

我想，外科醫生應該難以想像在腦死狀態下摘除內臟器官，靈體承受多大的痛苦。我想，許多醫生應該渾然不覺人的靈體可以感到疼痛，即使是臨終前打的點滴，成為靈體之後依然感到手臂插著針頭的痛楚。

希望各位讀者能夠體認到，現代醫學無法解釋清楚靈魂與肉體之間的關係，仍舊處於尚未開化的地步。

我認為，與其說心臟移植手術是最尖端科學，倒不如說是古代宗教儀式的復活。因此，我衷心祈禱，「唯腦論」這個新唯物論不會席捲二十一世紀。

第四章

供養祖先的靈性真相

1 供養祖先的意義

了解宗教的首要使命

這一章，我想談論關於供養祖先的實際情況。

供養祖先的行為並沒有錯，只是人活於世間時就應該接觸宗教教義、學習正確的人生觀，抱著信仰之心，過著端正己心的人生，並非等到死後接受子孫供養。

拯救世間活著的人是一般宗教團體的主要原則。所謂「拯救」是「拯救靈魂」，而非「拯救肉體」。因此，拯救活著的人類之靈魂才是宗教的第一使命。

現在全球約有六十億人（二〇〇四年），讓這些活在世上的人，認識佛法真理的意義，接著積極學習佛法，並透過信仰實踐、改善人生，進而傳播佛法，同時在各地、各國建立佛陀淨土，這是幸福科學最重要的第一原則，應投注百分之九十以上的力量。

對先人們的一種救濟

供養祖先，是對於生前未能獲得拯救的人進行的一種事後補救。

當然，在世時可以得到拯救是最好不過的事了，可是許多情況是尚未得到拯救就死亡，或是等不及幸福科學出現就過世，才衍生

「有辦法拯救這些人嗎？」之類的問題。

在基督教中，如何拯救這些人是個無解的大問題。基督教徒常說：「不信基督教，無法進入天國。」一些較為極端的基督教徒則說：「不成為基督教徒，將會墮入地獄。」假如真是如此，那代表耶穌．基督誕生前的歷史屬於無明的歷史，早於耶穌．基督誕生的所有人類，他們是不可能得到救贖的。

佛教有所謂「供養祖先」，讓在世無緣接觸佛教的人，死後仍然可以得到拯救，這代表「對於過去的人類，佛教存在著救濟理論」。佛教所謂供養祖先的主要對象應該是最近數十年過世的人，畢竟一、兩千年前死亡的人，靈魂至今仍四處飄蕩的可能性很低。

「為拯救過去的靈魂而伸出援手」這特有的論點（天主教則有「勸解的祈禱」之類似思想），正是佛教與基督教的差異所在。

供養祖先，是靈魂得到拯救的契機，卻不代表可以輕而易舉得到拯救。例如，在地獄待了一、兩千年的惡魔，如果真心悔改，就可以減少黑暗、增加光明。然而他們若不知悔改，繼續為非作歹，無論如何也無法消除黑暗，因此難以獲得拯救。通常，在這個世界上無惡不作的人，死後若能痛改前非，減少壞的想法與行動，接著只要慢慢累積陰德，減少一點黑暗、增加一些光明，當光明超過黑暗之後，自然可以離開地獄，回到天堂。

2 供養祖先的注意事項

避免淪為「奪愛」的替代品

某些教團十分重視供養祖先，甚至有些教團不分早晚，全年無休地進行供養。若問這是否正確，單就靈性的真相來看，必須要予以質疑。

子孫通常都想供養祖先，當然，懷念祖先是一件立意良善的事情，然而，如果子孫是為了祈求祖先庇祐而供養的話，供養就會變質了。例如，由於「學業不佳」、「事業不振」、「戀愛不成功」……等問題，懷疑是否「祖先的靈魂作祟所致」因此而拚命供養祖先的人，其實大有人在。

供養祖先應該是一種無條件的「施愛」，如果為了滿足私欲，或希望「祖先不要危害子孫」等目的，供養祖先就容易變成「奪愛」。當供養者與受供養者相互利用，抱持要求對方保佑、救濟的回饋心態，彼此關係將發生微妙的變化，甚至造成某些人失去反省的能力。

如果受供養的祖先到了天國，子孫可向祖先祈願：「但願祖先在靈界的修行，可以獲得更精進、更高深的領悟，上升到更高層次的境界。而我們子孫也會努力上進。」

當子孫越努力上進，受供養的祖先也會覺得：「我的子孫們那麼努力上進，為人世間貢獻良多。」隨著累積陰德、得到光明，周遭會傳出「你家子孫很有成就，真是令人佩服！」等好評價。以子孫成就為傲的祖先也開始自覺「自己應該好好努力了」，於是，祖先的修行也將更精進。以上說法，是針對好的祖先供養情形。

如果子孫將生活失意歸咎於祖先，為了早日脫離苦難，於是早、中、晚不停地供養祖先，修行不夠的祖先會認定「希望得到幸福，就盡量供養吧」。之後，祖先就會賴在子孫家中接受供養，完全荒廢了在靈界應有的修行。

倘若生前走了偏邪路，死後就必須到地獄修行，經過一段艱苦的時間後，一定可以領悟「自己真的做錯了！」然而，倘若是離開地獄、回到家中坐鎮的祖先，不知修行、反省，就只會斤斤計較著：「供養要勤快一點」、「供養的白飯太少了」、「怎麼拿便宜的花來供養」、「兒子每天喝酒，把酒都喝光了，都沒有拿來供養」……等等瑣碎事情。

部分祖先還會埋怨：「子孫們都太懶惰，沒有好好的供養祖先，才害我這麼辛苦。所有的子孫都太可惡了，不懲罰他們真的不行，我想得讓一個孩子遭遇事故才行。」有些祖先不只是念念叨叨而已，還真的詛咒子孫出事呢！

有些教團的信徒每天皆在供養祖先，其中絕大部分都出現了靈障，有非常多的人全身皆遭到惡靈覆蓋，這令我深深感慨，供養祖先確實存在許多困難之處。

假如，子孫心境協調、充滿光明，而且是一個可以降下守護靈之光予以拯救的人，那麼此人在供養祖先時，其光的確可傳達給在靈界的靈人，減輕他們的痛苦。

然而，如果子孫心想「希望藉由趕走祖先，自己就能幸福了」，一心祈求自己能得到拯救，進而對祖先進行供養的話，那無疑兩方皆陷入同一個窠臼，一起受苦，這種例子非常的多。

讓自己發光是供養祖先的原點

供養祖先，千萬不可搞錯原點。

供養祖先的前提是必須自己先修行，學習佛法真理、閱讀真理書籍、參加幸福科學舉辦的各種行事活動、精進學習，具備佛光的感受後，進而再將佛光迴向給祖先。

如果燈塔本身不發光，那就無法照亮夜間漆黑的大海。看到黑夜裡有船隻迷航漂流時，與其拚命喊著：「一定要救那艘船！」還不如設法讓燈塔發出光芒。

同樣的道理，如果自己沒有好好修行，每天忙著供養祖先，內心一直希望想要拯救祖先，那絕對無濟於事。與其如此，還不如設法讓自己變成發光的燈塔。

唯有透過領悟的力量，才能真正的供養祖先，這是供養祖先的原點。

供養法會在靈性上的意義

供養祖先有其風險，因此不鼓勵在家裡舉行繁瑣的祭祖活動。幸福科學的總本山正心館，會進行總本山祖先供養法會以及永代供養儀式。而在全世界的各地支部，也會舉行一年兩次的祖先供養法會。

參加幸福科學舉行的祖先供養法會，不僅有修行較高、光明較強的法友一起供養祖先，還有導師在場，在供養祖先時會比較安全。

此外，在幸福科學祖先供養法會裡，還會有參加者的守護靈、指導靈或教團的支援靈前來幫忙。遭到祖先附身的子孫來到這裡，這些附身在子孫身上的靈一定會被責問：「你又想幹什麼？你好像做了好幾年的壞事！」

人類無法看見這些亡靈，他們才能為所欲為。可是靈界的其他靈人卻可以看到，會出言責備：「枉費你的子孫那麼努力，你卻作盡壞事。」他們會因此變得安分。

靈界的事情，委託靈界地位較高的靈人來處理才是最佳捷徑。為人子孫的如果無法以自己的力量拯救自己，則可以參加幸福科學所舉辦的宗教活動，可以與靈界地位較高的靈人結緣，讓地位較高的靈人們去點醒為非作歹的祖先。

當然，全家族在家裡一起供養祖先的行為並非不可行，只是最好不要過度，以一年幾次為宜。供養祖先時，盡量到有導師指導的地方不僅危險性較低，效果也會更好。

如果每天早、中、晚都不斷地供養祖先，甚至連睡覺前也供養，還不如自己好好修行一番來得有效。推薦各位可以讀誦幸福科學的根本經典《佛說・正心法語》或是其他佛法真理書籍，增進自身對佛法真理的領悟，然後勤加修行。抱持著正確心態來供養祖先，是非常重要的。

3 死亡是通往靈界的旅程

「諸行無常」之死

其實，仔細觀察從公司退休的老年人，就不難了解供養祖先形成的原因。當失去了工作、收入，只好仰賴兒子或女兒生活，這種晚年生活已經接近供養祖先了。

人上了年紀後，心境應該趨於平淡，許多人卻懷著「身體越來越不聽使喚，最後一定會死掉」的強烈恐懼，自然對這個世界愈加執著。這個執著，跟死後要求供養的心態是一模一樣的。對於這個世界的執著來自對於肉體生命、家族、土地、房子和工作……等的執著，這個執著和死後要求供養的心態相似，是要求供養之心的根源。

死亡是佛教的根本，即所謂的「諸行無常」。人歷經出生、衰老、生病，然後死亡，這個過程是永恆不變的真理。任何人都無法防止老化、無法避免生病，任何人都必須服從這個宇宙真理，順從這個真理出生，再順從這個真理逝去。

從肉體的角度來看，死亡是一件令人悲傷的事情，可是，從靈魂的觀點來看，死亡只不過是通往靈界的旅程。世間的生活猶如到國外留學一般，留學生涯結束後，自然要回到原本的國家，而這個回國的過程就是死亡，人透過死亡回到原來的地方。

面對死亡，適度的悲傷是可以理解的，但如果過度悲傷，可能招致麻煩與傷害。

死亡並非永遠的別離

通常，人們認定「人死之後，永遠無法再見面」，將死亡當成一件悲傷的事情，這是因為人們不了解靈界的情況。

若非生前已具修行或負有使命的人，死後剛到靈界的短時間內，會彷彿失業般無所事事，如果世間的人過度思念死去的人，他的靈魂就會依附過來，完全荒廢靈界的事務。

其實，這不限於親戚而已，即便是朋友或是同事也會如此。如果公司同事過世，其他同事每天想念他、談論他，好奇著：「不知道他現在好不好？」那個死去同事的靈魂就會依附、糾纏，絕對不可不謹慎！

「死亡是永遠的別離，死了就無法再見面了」這樣的說法是世間普遍的觀念，但事實上並非如此，往生者可能會每天都來找你。

白天，我的表面意識比較忙碌，亡者靈魂只能靠近身邊，無法說些什麼話，可是一到晚上就寢時，世間與靈界的狀態一致，他們就可以自由地表達想法。靈界的靈魂，可能來自地獄、可能來自天國，他們不管你有沒有空，隨心所欲地來拜訪，經常吵得我無法睡覺，甚至讓我耽誤到世間的事情。

有時候，為了疏離他們，我會語氣稍微冷淡地說：「我實在有點忙，希望你在靈界盡快找到事情做。」或是「請你趕快在靈界找到適當的工作，不要再執著於世間的事情了。請專心做靈界的工作，才會得到幸福、才會有所成就。如果世間的人做錯什麼事情，到時再來指導也可以；如果我們都做得很好，不來找我們也沒有關係。」類似這樣，讓彼此因為忙碌而保持一定的距離。

世間之人處於靈能狀態時，心中的一個念頭一瞬間即能和靈界相通。正所謂「一念三千」，學會調整心念是非常重要的。

心念不但會和靈界相通，即便是在世間，如果一直把心思放在某人的身上，不久心念即會與此人相通。

特別是我的情形，儘管是世間的人，只要我稍微用心思慮，對方的表情與想法會立刻透過念波傳給我，彷彿使用「視訊電話」一般，我還會說些：「原來你想跟我說這些呀！好，我知道了」之類的回答。

讓我覺得比較吵的是，依附在那個人身上的靈魂，也會來跟我打小報告「現在的情形是如何、如何……」等等。

在靈性上，在全世界、全人類之間，已經建立了類似網路關係，所以如何控制心念，讓己心維持平靜就是一件非常重要的事。

因此，在這層意義上，人們應將重點放在自我修行上，越是希望拯救更多的人，就越是需要與雜念保持距離。若不做這樣的修行，那就無法將光明分送給更多的人。

4 獲得拯救前應有的自覺

對於回到天國的祖先，不妨以「祈願祖先在靈界的修行能更加提升」的心態來供養，原則上，每年向祖先報告一至二次近況即可。而對於墮入地獄的祖先，在世的人可以累積修行功力，透過講述佛法來拯救祖先。

但是，倘若在世時即是難以拯救之人，到了靈界仍然不易獲得拯救，此時，墮入地獄的祖先則必須仰賴自己修行，唯有自己覺察到原來自己犯了錯之後，方才能得到拯救。

死後墮入黑暗世界的人，一開始大多會提出「真有神佛嗎」的質疑，進而怨恨佛神。還盡說些「社會不好、政治不好、家人也不好，什麼都不好」的話。

也唯有真正自覺到自身的責任，真正的反省「自己確實在某些地方犯了錯」才能進到下個階段，獲得拯救。地獄這個充滿痛苦的世界，就是為了督促人們早日自覺才存在的。

由於地獄會出現「黑暗」、「寒冷」、「可怕」、「嚴厲」等，所有人們感到厭惡的東西，若是具備靈界知識，就能夠相當明確地判斷那是否為地獄。

當人回到靈界時，倘若感覺周圍一片漆黑，可能會以為「現在是天國的夜晚呢！」事實上，天國沒有夜晚，感覺「為何長夜漫漫，天始終不亮」時，表示那裡根本不是天國。

此外，倘若覺得「怎麼這麼寒冷」、「不時聽見可怕的鬼吼聲」，或是「肚子餓得好難受」、「身體動彈不得，實在痛苦不堪」……等等，那就表示那裡根本不是天國。

務必記住，天國絕對不會產生「痛苦」、「寂寞」、「黑暗」、「孤獨」……等等感覺。

究竟，天國是一個怎樣的地方呢？

請大家先靜靜回想，人生最幸福的時候。天國的情景，大致上就像人生最幸福時的感覺。

當繁花綻放時，鳥雀、蝴蝶四處飛舞，洋溢著春天即將來臨的喜悅，令人感覺「春天快來了，真好！」或是像新學期開始時「升了一個年級，可以認識新朋友，還可以拿到新教科書，真令人開心！」類似這種振奮的情緒，就是在天國的感覺。

回到靈界時，若是周圍蔓延著幸福的感覺，應該就是天國了；

相反的，若周遭是一片漆黑、寂寥的痛苦之地，那應該就是地獄了。

死後的靈魂，憑藉自己的直覺，或是透過身體的感覺，大致就能判斷自己到底是去了天國，還是地獄。

萬一，墮落到地獄的話，雖然有時會因世間的供養而得到救贖，但終究要有承擔自己錯誤的自覺，才能真正獲得拯救。

5 晚年生活應有的自覺

了斷對世間的執著

凡是人類，絕對無法避免「生、老、病、死」的歷程，即使窮盡所能地設法逃避，也猶如呼喚夕陽再度升空般，絕對不可能實現。

每個人都應有「凡是人類都會變老」的自覺。

當身體漸漸老化不聽使喚，經常感到頭腦昏沉、兩眼昏花，充滿心有餘而力不足的無奈，代表「解脫的日子」逐漸近了，一定要做好「即將回到自由自在的天界」的心理準備，懷著平常心等待回歸日的到來。

人老了之後，慢慢受到社會的疏離，最後還可能被視為包袱。在這一段艱辛的過程中，不妨慢慢沉澱心裡的凡塵俗事，逐漸斷絕對於世間的眷戀，每天減少一些執著，為回歸天界而準備。

社會進步所衍生的代溝

從明治時代以來的一百多年間，日本歷經三代至四代就振興了日本的國力。日本國力日漸增強的原因在於深耕教育一百多年，不僅努力汲取新知，更致力研究發展，因此兒子比父親優秀、孫子又比兒子優秀，一代比一代更有成就。

當然，「雙親有成就，小孩卻墮落」的情形也有，不過，孩子成就高於雙親，才是主要趨勢，因為教育制度發達，孩子們普遍受到良好的教育。現代的孩子接受高等教育的機會提高，過去不容易實現的海外留學，現在也都變得稀鬆平常了。

從整體來說，這是一種階級的提升。兒子比父親的階級高，孫子又比兒子更高一級，雖然有些不升反降的，但畢竟是極少數。

在這種差距下，兩代之間自然產生代溝，開始發生「父母親年歲漸長、活動力漸弱，兩代間的對話日漸短少」、「婆媳之間的價值觀分歧」等狀況。事實上，以宏觀的角度來看，世代之間產生代溝，是無可避免的事情。

舊時農村是個停滯不變的環境，凡事遵循規律、反覆運行，春天耕種、秋天收穫，年年如此循環不息。人們依隨自然規律與四季節令，循序過著既簡單又純樸的生活。

可是，現代社會發展迅速，日新月異，世代之間的隔閡越來越鮮明，無論是父母親那一代、兒子那一代，或是孫子那一代，每一個世代都緊隨著社會的變遷。

「新人類」是現代專有的名詞，事實上，新人類一直不斷地誕生，稍微注意世界的發展狀況，就可以清楚發現這些新人類多麼優秀。

因此，當自己晉升為高齡者時，必須覺悟：「下一代絕對比自己優秀。」子女的成就絕對超過自己，相同的，自己的成就也絕對優於父母。

「衰退」所蘊含的美學

在高齡者當中，也有著高學歷的人。但是經過了三十年，大多的學問會更新汰換，因此不管是醫學還是數學，舊的知識就變得派不上用場。文科的學問也不例外。

例如，自稱「大學時修過經濟學」並獲得好成績的人，若學生時代所學的是馬克思經濟學，根本已經不屬於現代經濟學的範疇之內，甚至違逆現代社會潮流，這種學問反而成為一種阻礙。

因為，在學生時代「過於用功」的人，學習這類如今派不上用場的知識，還取得優等的成績，進入官場擔任要職。然而，這群守著過時學問的人，自命清高又過分拚命的工作，不僅無法融入現代社會，也衍生許多問題與困擾。

相反的，那些「學生時代荒廢課業、恣意玩樂」的人，進入社會後，較能感受到「若不努力學習新知識，未來就沒希望了」的危機感，於是開始學習各種新知識，反而較能符合時代需求，適應社會的生存法則，真正為時代貢獻一己之力。

那些自認為優秀的高材生，即使曾受到「你很優秀」的誇獎，那也可能是來自於一個脫離時代潮流的教授。儘管曾經是擁有高學歷的優秀學生，當所學的學問變成老舊無用的學問時，仍然注定遭到下一代的追趕、超越，終究逃不過落伍的命運。

每個人都要有「孩子總有一天贏過自己，自己必定走向衰敗」的覺悟。何況，「小孩比父母優秀」也是國家蒸蒸日上的證明，顯示「孩子們很努力，整個國家也很努力，這個世界未來可期」，父母應該感到慶幸與欣慰才是。

當一個國家繁榮發展時，孩子的水準絕對超越父母，也必定產生眾多優秀的靈魂。相反的，當一個國家的國力開始衰退時，不僅孩子的水準比父母低落，許多優秀靈魂也開始鬆懈、放蕩，陸續增加許多向下沉淪的靈魂。

至於，在人們每天過著千篇一律生活的國家，處處充滿了雷同神似的靈魂，百年如一日的，不斷、不斷地輪迴轉世。

倘若自己開始不斷地說「已經老了，已經脫離時代了」除了證明國家教育非常成功，整個國家正蓬勃發展，同時也代表自己應該放棄任何執著了。我們都必須覺悟「成長快速的國家，世代之間的代溝必然顯明，父母終究趕不上時代的變化，千萬不要抱持任何執著」。

例如，有人沾沾自喜於「對於航空科學頗有涉獵，還開過螺旋槳飛機」。然而，現代已經進入火箭時代了，兩者之間根本無法相提並論。

基於相同的道理，試圖以父母的人生觀來約束孩子，似乎是一種無法如願的奢望。我想，倘若孩子對父母說：「老爸，這根本沒什麼，你會不會管太多了？」也是可以理解的。

婆媳之間的相處也是一樣，如果畢業自女子中學的婆婆，憑藉著自己從前所學的價值觀，想指導受過大學教育、接受過職業訓練的現代媳婦，根本是一件匪夷所思的難事。

因此，人步入晚年時，應該坦然接受「衰退」的美學，享受猶如美麗紅葉隨風飄落的喜悅，即使遠遠落後也能保持平靜喜悅。在這個變動劇烈的社會裡，這是一種必要的生活態度，徹底拋棄執著，平實地迎接老年的來臨。

其實，人到達一定年齡，必定逐漸變得頑固，無法接受別人的意見。俗話中有句：「人老了要聽從孩子的話。」這就是提醒人們務必保有一顆柔軟的心。

當然，即使回到靈界，仍要保有「向子孫學習」的柔軟之心，更要把自己當成靈界的新生，尊敬來自天堂的拯救之靈，謙虛地聽從教誨，努力學習，同時採取「發現錯誤，隨時改正」的柔軟姿態。

假設死後墮入地獄，以柔軟之心好好反省生前的惡業，只要不為自己找尋各種藉口，虛心聽從天使的指導，必能憑著自己的力量找到救濟，回到天堂。千萬不要一昧的期待子孫來拯救，畢竟子孫有子孫必須完成的事情。

第五章

永恆生命的世界

1 世間是虛幻的

世間是虛幻世界的證據

關於「生命是永恆的」的問題，我在書籍刊物與法話裡提過多次，不知各位是否銘記永恆生命的真實性？人的真實生命無限，而我們所處的世間，不過是一個虛幻世界，人生中存在著象徵四苦的「生、老、病、死」就是證據。

為什麼出生過程必須經歷許多痛苦呢？又為什麼出生之前必須待在母親身體裡，忍受孤獨的浪漫時光呢？為什麼出世時必須一邊哭泣，一邊誕生呢？

這是一個冒險人生、無明人生的開始，一切「必須重頭來過」。為了來到這個充滿拘束的世界，必須遺忘過去那個自由自在的世界，這就是所謂的「生」之苦。

儘管，在世間凡事從頭開始，經歷十年、二十年、三十年的歲月後，人們慢慢喜歡上這個世界，對這個世界開始執著，並產生「世上所有東西，我都想要得到」的想法，於是盡情歌頌青春、擁抱人生。然而，老化一步步逼近，身體開始局部疼痛、臉龐開始泛起皺紋、頭髮開始冒出白髮，精神逐漸萎靡不振，未來充滿無限迷惘，夢想似乎日漸消失，明顯感受到「老」之將至。試圖回憶過去，盡是無法重來的青春時光，徒增無謂執著罷了。試圖遠離老化，可是終究難逃老化的命運。

接著是生病之苦。希望身體健康，卻如法實現；明明不想生病，卻又生了病。人生原本就難免有病痛的困擾，在承受病痛的同時，卻發現一向認為「屬於自己」的身體，竟無法隨心所欲地控制，才驚覺「原來這個身體並非遠屬於我，只是暫時借用的」。

最後，不得不面臨的是「死」的痛苦。對人類而言，這無疑是最大的痛苦。

儘管，現在是生龍活虎的人，最後仍將面對死亡。為了逃避死亡的恐懼，有人只對世間之事感興趣，消極地沉溺享樂，可惜歲月不饒人，最後終究逐漸邁向死亡。隨著年齡增長，發現周遭朋友，像樹木落葉般逐一凋零。「生、老、病、死」這四種痛苦，不禁令人衍生一股哲學性的衝動，頻頻自問：「到底事實為何？真理又是什麼？」

世間存在各種苦惱

除了「生、老、病、死」這四種痛苦之外，這個世界上還有另外四種痛苦。

一是「怨憎會苦」，就是碰到不喜歡的人而產生痛苦。「如果沒有遇到那個人，自己將會很幸福」，然而，命運就是如此安排，無處可躲。

二是「愛別離苦」，就是與所愛的人分離的痛苦。「我不想跟他別離，不希望跟他分開」，例如，好朋友、老婆、老公、孩子……等等，誰都不希望分離，可是每個人遲早都會遇到。死亡無情地打破所有人際關係，彷彿波浪沖散貝殼般，無情地帶走你所愛的人。

三是「求不得苦」，就是得不到想要的東西而產生痛苦。在這個世界活了幾十年以後，慢慢習慣、喜歡這個世界的生活方式，也慢慢擴大對這個世界的執著。四、五十歲以後，越來越無法捨棄名譽、金錢，甚至人際關係，而這一切卻又「得不到」於是產生痛苦。

最後是「五陰盛苦」，就是身體五官欲望旺盛帶來煩惱與痛苦。「五陰盛苦」包括食欲、性欲，以及睡眠欲……等等，隨著肉體存在而帶來的各種痛苦。人與生俱來的肉體，彷彿在體內飼養動物一般，為人類帶來貪欲之苦。人無法消除身體五官旺盛的欲望之火，欲望之火如脫韁野馬般失控，忘了靈魂才是真正的主人。

這四種苦，是人生於世必然面對的苦惱。當你發現「人生苦短」這個事實之後，等於證明這個世界是虛幻的，並非真實、永恆

2 鍛鍊靈魂使它發光

現在所處的這個世界，是一個虛幻的世界。事實上，出生前的那個世界，即死後不久回歸的那個世界，才是生命永恆的真實世界。

活在那個真實世界的朋友們，在同一個時代來到了這個物質世界，暫時寄宿在肉體裡，過著人類的生活。

令人遺憾的是，許多人來到這個世界，忘記互相切磋琢磨、精進學習，卻過著漫無目標的盲目生活。偉大的聖光於是陸續降臨，有些宿於男性的肉體，有些宿於女性的肉體，努力教化世間的人們，竭力拯救世間的迷途眾生。

我的另一本著作《永遠之法》（台灣幸福科學出版發行），曾提及「這個世界與靈界的組織架構」與「輪迴轉生的法則」。所有的人都應該認真閱讀這一本真實之書，不僅此生可以充滿光明，死後人生也將持續綻放光芒。

人必會邁向死亡，可能是今天、可能是明天、也可能是一年後、十年後，甚至二十年後，任誰也無法預料，死亡何時將至，可是它百分之一百會降臨，不論你、我、他。

在《永遠之法》裡，我已經提示過「死亡之後來臨的人生，才是真實的人生」，而且這一世的人生，對於之後來臨的人生，具有極為重要的意義，那就是鍛鍊你的靈魂，使它發光。

3 建立基於真理價值觀的佛國土

對靈魂來說，世間這個三次元現象界的人生，是一個類似學校的學習場所。

可是，大部分人都將這個虛幻世界誤認為真實世界，不僅遺忘真實世界的實際情形，反而嘲笑、輕蔑真實世界。

各位必須明白，無法立足於真實世界的人生既脆弱又短暫，非常容易崩壞，唯有認識真實的人生及真實的世界，才可以成就金剛不壞之身，猶如鑽石般堅固，永久綻放光芒。

我只有一個願望，那就是基於真實價值觀的佛國土在世間能夠成就，而這個佛國土可成為永恆生命得以永恆進化之地。請各位務必將這永恆生命的世界告訴更多的人知道。

正因為那是真實的事，各位必須要懷有勇氣傳達出去。站在真實這一邊的人，必須要懷著真正的勇氣。真實即是強者，絕不可能失敗，各位必須要堅定信念，傳遞出去。各位的使命即是悟得這真理，並將這真理傳遞出去，拯救有緣的無數眾生。

今後，我也將持續秉持一貫的信念，努力不懈。

後記

本書所提及的「靈子線」，早在《舊約聖經》的〈傳道書〉第十二章中，就曾有「銀鍊折斷，金罐破裂……」的描述。這條「銀鍊」就是指靈子線，許久以前就為人所知了，但現代的基督教會，似乎對人的死亡沒有正確的認識。

對於腦死狀態下進行內臟器官移植，我明確指出了兩個問題。第一，捐贈者的靈魂尚未認識到自己已死，因此會產生恐懼感。第二，腦死者的靈魂會隨著器官移植而依附到受贈者的身上，這不但會對捐贈者的靈魂前往死後世界時，造成負面影響，更會使受贈者的人格產生變化，甚至會影響到其他家人。

在佛教當中，正確的佈施，需要佈施的主體（施者），佈施的對象（受者），以及佈施的物品（施者，在此為內臟器官）都沒有污濁，沒有執著之心附著（此稱三輪清淨）。

亦即，內臟器官移植的前提：一是捐贈器官者必須學習過佛法真理，懷抱著真正的愛心而捐贈。二是受贈者也須深入理解佛法真理，並且持有真誠的感謝之心。三是取得器官時，不可有違法的金錢交易。符合這三個前提，真正的佈施方才成立。對於不相信死後世界的唯物論者來說，器官移植只是一種買賣，然而這不但會造成靈界的混亂，也讓死者難以回到天國。

此外，縱觀當今宗教諸相，不明靈性真相的祖先供養儀式氾濫，導致那些將不幸之因全部歸咎於祖先的子孫，以及將所有地獄的痛苦全都怪罪於子孫的不成佛的祖先，合演了一場悲喜劇。切不可忘記，「悟道」的責任在於個人，不少的家庭自認為在供養祖先，殊不知已被其他惡靈所糾纏。期盼人們能夠學到供養祖先的正確方式。

我衷心希望如此佛法真理，盡可能地成為更多人的知識。

二〇〇四年　春

幸福科學集團創立者兼總裁　大川隆法

幸福科學集團介紹

幸福科學透過宗教、教育、政治、出版等活動，以實現地球烏托邦為目標。

幸福科學

一九八六年立宗。信仰的對象為地球靈團至高神「愛爾康大靈」。幸福科學信徒廣布於全世界一百多個國家，為實現「拯救全人類」之尊貴使命，實踐著「愛」、「覺悟」、「建設烏托邦」之教義，奮力傳道。

愛

幸福科學所稱之「愛」是指「施愛」。這與佛教的慈悲、佈施的精神相同。信眾透過傳遞佛法真理，為了讓更多的人們能度過幸福人生，努力推動著各種傳道活動。

覺悟

所謂「覺悟」，即是知道自己是佛子。藉由學習佛法真理、精神統一、磨練己心，在獲得智慧解決煩惱的同時，以達到天使、菩薩的境界為目標，齊備能拯救更多人們的力量。

建設烏托邦

我們人類帶著於世間建設理想世界之尊貴使命，而轉生於世間。為了止惡揚善，信眾積極參與著各種弘法活動。

入會介紹

在幸福科學當中，以大川隆法總裁所述說之佛法真理為基礎，學習並實踐著「如何才能變得幸福、如何才能讓他人幸福」。

入會

想試著學習佛法真理的朋友

若是相信並想要學習大川隆法總裁的教義之人，皆可成為幸福科學的會員。入會者可領受《入會版「正心法語」》。

三皈依誓願

想要加深信仰的朋友

想要做為佛弟子加深信仰之人，可在幸福科學各地支部接受皈依佛、法、僧三寶之「三皈依誓願儀式」。三皈依誓願者可領受《佛說・正心法語》、《祈願文①》、《祈願文②》、《向愛爾康大靈的祈禱》。

幸福科學於各地支部、據點每週皆舉行各種法話學習會、佛法真理講座、經典讀書會等活動，歡迎各地朋友前來參加，亦歡迎前來心靈諮詢。

台北支部精舍
台北市松山區敦化北路 155 巷 89 號

幸福科學台灣代表處
台北市松山區敦化北路 155 巷 89 號
02-2719-9377
taiwan@happy-science.org
FB：幸福科學台灣

幸福科學馬來西亞代表處
No 22A, Block 2, Jalil Link Jalan Jalil Jaya 2, Bukit Jalil 57000, Kuala Lumpur, Malaysia
+60-3-8998-7877
malaysia@happy-science.org
FB：Happy Science Malaysia

幸福科學新加坡代表處
477 Sims Avenue, #01-01, Singapore 387549
+65-6837-0777
singapore@happy-science.org
FB：Happy Science Singapore

國家圖書館出版品預行編目(CIP)資料

永恆生命的世界：死亡後的真實樣貌／大川隆法作；幸福科學經典翻譯小組翻譯. -- 初版. -- 臺北市：台灣幸福科學出版，2021.4
192 面；14.8×21公分
譯自：永遠の生命の世界：人は死んだらどうなるか
ISBN 978-986-99342-9-9(精裝)

1.新興宗教 2.靈界

226.8 110004950

永恆生命的世界 死亡後的真實樣貌

永遠の生命の世界　人は死んだらどうなるか

作　　者／大川隆法
翻　　譯／幸福科學經典翻譯小組
主　　編／簡孟羽、洪季楨
封面設計／Layla
內文設計／顏麟驊

出版發行／台灣幸福科學出版有限公司
104-029 台北市中山區中山北路三段 49 號 7 樓之 4
電話／ 02-2586-3390　傳真／ 02-2595-4250
信箱／ info@irhpress.tw
法律顧問：第一法律事務所　余淑杏律師

總 經 銷／旭昇圖書有限公司
235-026 新北市中和區中山路二段 352 號 2 樓
電話／ 02-2245-1480　傳真／ 02-2245-1479

幸福科學華語圈各國聯絡處／
台　　灣　taiwan@happy-science.org
地址：台北市松山區敦化北路 155 巷 89 號（台灣代表處）
電話：02-2719-9377
官網：http://www.happysciencetw.org/zh-han

香　　港　hongkong@happy-science.org
新 加 坡　singapore@happy-science.org
馬來西亞　malaysia@happy-science.org
泰　　國　bangkok@happy-science.org
澳大利亞　sydney@happy-science.org

書　　號／978-986-99342-9-9
初　　版／2021 年 4 月　初版一刷
定　　價／380 元

廣　告　回　信	
台北郵局登記證	
台北廣字第5433號	
平　　信	

IRH Press Taiwan Co., Ltd.
台灣幸福科學出版有限公司

104-029 台北市中山區中山北路三段49號7樓之4
台灣幸福科學出版　編輯部　收

請沿此線撕下對折後寄回或傳真，謝謝您寶貴的意見！

大川隆法 Ryuho Okawa

永恆生命的世界

死亡後的真實樣貌

台灣幸福科學出版有限公司

永恆生命的世界
讀者專用回函

非常感謝您購買《永恆生命的世界》一書，
敬請回答下列問題，我們將不定期舉辦抽獎，
中獎者將致贈本公司出版的書籍刊物等禮物！

讀者個人資料　　**※本個資僅供公司內部讀者資料建檔使用，敬請放心。**

1. 姓名：　　　　　　　　　　性別：☐男　☐女
2. 出生年月日：西元　　　　年　　　　月　　　　日
3. 聯絡電話：
4. 電子信箱：
5. 通訊地址：☐☐☐-☐☐
6. 學歷：☐國小 ☐國中 ☐高中／職 ☐五專 ☐二／四技 ☐大學 ☐研究所 ☐其他
7. 職業：☐學生 ☐軍 ☐公 ☐教 ☐工 ☐商 ☐自由業☐資訊 ☐服務 ☐傳播 ☐出版 ☐金融 ☐其他
8. 您所購書的地點及店名：
9. 是否願意收到新書資訊：☐願意　☐不願意

購書資訊：

1. 您從何處得知本書的訊息：（可複選）☐網路書店　☐逛書局時看到新書　☐雜誌介紹
   ☐廣告宣傳　☐親友推薦　☐幸福科學的其他出版品　☐其他

   ____

2. 購買本書的原因：（可複選）☐喜歡本書的主題　☐喜歡封面及簡介　☐廣告宣傳
   ☐親友推薦　☐是作者的忠實讀者　☐其他

   ____

3. 本書售價：☐很貴　☐合理　☐便宜　☐其他

   ____

4. 本書內容：☐豐富　☐普通　☐還需加強　☐其他

   ____

5. 對本書的建議及觀後感

   ____

6. 您對本公司的期望、建議…等等，都請寫下來。

   ____

   ____

IRH Press Taiwan Co., Ltd.
台灣幸福科學出版有限公司